土地と住宅

関連法・税制・地価の動向解説

元東京都建設局参事
荒木清三郎 著

三和書籍

まえがき

よい住宅に住みたい、今よりもっと上質の住空間をという願望は誰もが持っている。家族で団欒できる広い家がほしいと思うこともあるし、コンパクトでもいいから機能的で個の生活が確保されるものがいいとも考える。これからは、丈夫で長持ちし、便利で快適な生活ができる住宅をつくりたい。そして、暮らしにも文化を取り入れたい。自分の家の周囲にも目を配って、豊かな住環境の創造にも心掛ける。家族の年齢構成にあわせたバリアフリーも行った。今後はそれぞれが、生き甲斐や趣味を持った人生を充実させたい。

以上は、「住生活基本法」が描く、住宅や住生活に関する姿である。いいものをつくって長く使う、という政策が前面に出ている。少子高齢化社会、人口・世帯の減少到来を目前にした、これまでの住宅政策である「量の確保」から「質の向上」を図る道筋を示したものである。

ところで、〝日本の住宅はなぜ貧しいのか〟との警鐘がある。貧しいというのはその使用期間が短いこと、その資産価値の評価がはなはだしく低いことである。経団連の提言でも、住宅ストックの形成や循環型住宅市場の構築などを掲げ、住団連からも「住宅基本法の制定に向けて」の提言があった。これまでの住宅建設におけるフローからストックの重視への転換が提唱された。

〇五年九月に、社会資本整備審議会から「新たな住宅政策に対応した制度的枠組みについて」の答申があり、基本法の法制化についての取り組みがなされてきた。
〇六年六月に「住生活基本法」が制定されたが、この基本法はどのような効用をもたらすだろうか。同様に位置づけられている法律に「土地基本法」がある。この法律は公布から二〇年が経ち、その後の土地事情にどのような効果をもたらしたか。これとの比較において、その効用と影響について探りたいと考えた。

これからの住宅は選択肢が多い。安心・安全な住まいとは何か。ライフスタイルを反映した住宅とはどのようなものか。地価の変動、金利の動向はどうか。そして、住宅関連の税制はどうなるのか。

同じ不動産でも土地と住宅では形が違うし、資産としての見方も異なる。土地の普遍性に対して、住宅には個別性が表れる。土地と住宅は結合した効用を持つことで、本来は一体としての評価を受けるべきと思うが、市場は分離した対象と考える。土地も住宅も〝居住の同根〟であるにもかかわらず、法制や施策も個別的で同次元では論じられない。

市場化や公共性についても疑問が残る。時代の変化に対応する施策もそれなりの合理性をみつけることができるが、今後も時点修正は免れない。

本書では、これらの「住」についての変革を分析し、居住の態様を踏まえながら将来を展望した。その根幹となる法制度も、時の経過や社会・経済状況にあわせた運用がなされることになる。「住」の現実を知ることで、今後の住生活になんらかのお役に立つことがあれば幸いと思っている。

土地と住宅　目次

第2章　提言と答申の内容と疑問点

第3章　土地基本法と住生活基本法の違い

第4章　基本法と住宅政策の焦点

第5章　安全と不動産市場の動向

第1章　「住」の変化について

1　住宅を考える視点

「住」、つまり住宅を考える場合にいろいろな角度からみることができるが、まず個別的な要素としての住宅の量と質、所有か利用か、資産としての価値の三項目、さらに総合的な要素として住宅の供給について検討されなければならないと思っている。そこでまず、これらの領域からみてみることにする。

住宅の量と質

五年ごとに行われる「国勢調査」（〇五年）では、日本の総人口が戦後初めて減少したことを伝えている。その後の「人口動態統計」でも、初の自然減となって少子高齢化時代の到来を告げている。〇八年十月の推計人口（国勢調査をもとに、出生や死亡、出入国の動向を踏まえ算出する）は、東京都など七都府県で人口が増え、四〇道府県では人口減となった。また、七十五歳以上の数が十四歳以下（年少人口）を上回った県は、一二県と倍増した。人口の増減を全国的にみると大都市圏は増加基調だが、地方圏は減少傾向となって、都市と地方の二極化が明らかになっている。さらに、少子高齢化が進んでおり、出生数は晩婚化や未婚化などにともなって、構造的な減少が避けられない。

人口減が続けば労働力人口の不足を招き、経済活動が弱体化する恐れもある。社会保障面でも高齢者を支え

［図表１］住宅ストック数の状況

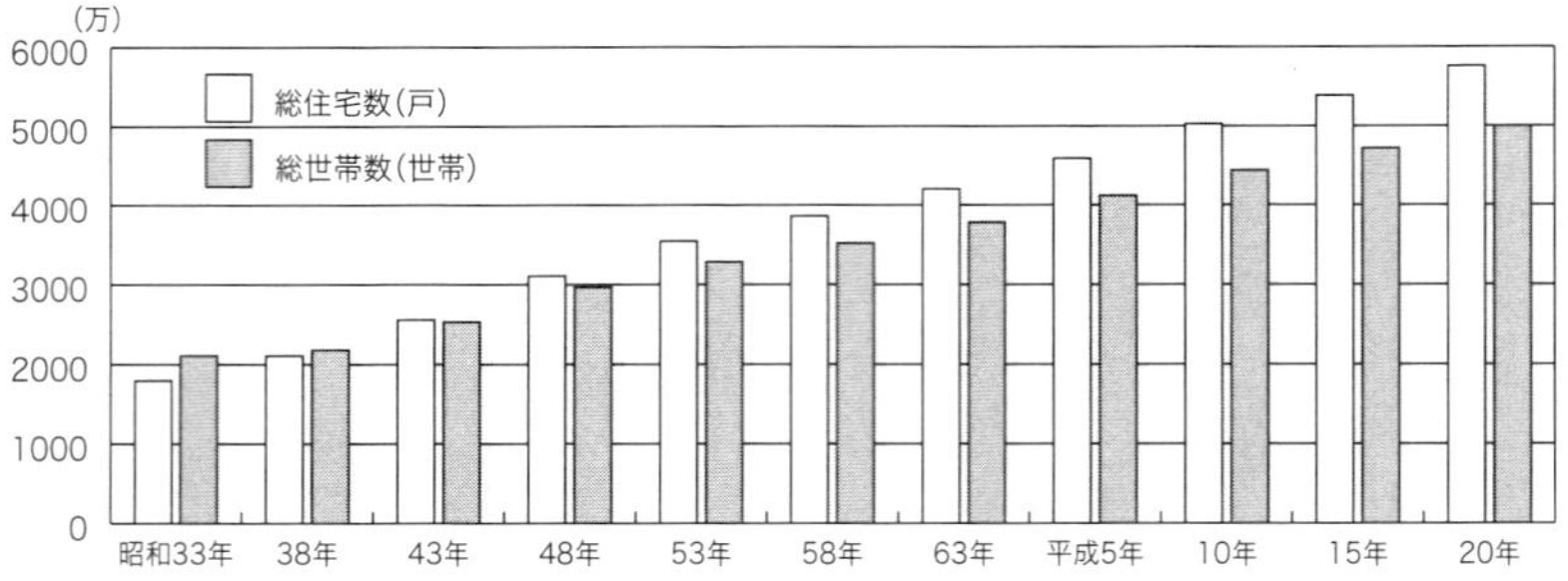

出典：総務省『住宅・土地統計調査 09』

る現役世代が少なくなれば、年金・医療・介護などに悪影響が出てくる可能性が高い。

一方、世帯数は人口減のなかでも増えているが、これには世帯当たりの人数が減少している事情がある。前掲の国勢調査（〇五年）にみると、世帯数は前回（〇〇年）調査より五・二％増え、四九五三万世帯となっている。さらに、若者と老人の世帯が増えて一世帯当たりの人数は二・五八人と過去最低を記録した。一九八〇年代以降、人口増加率が鈍るなかで世帯数が増えているが、これらは団塊の世代の影響によることが多いとされている。

人口の減少は、当然のことながら住宅の需要に影響する。いわゆる「住宅余り」の現象である。調査によると、〇三年の時点ですでに世帯数を一四パーセント上回る五三九〇万戸の住宅ストックがあり、六六〇万戸の余剰となっている。これらは「一世帯一住宅」のキャッチフレーズで始まった八次にわたる「住宅建設五か年計画」の成果でもあるが、国・地方および民間が協力した結果と総括されている。

狭いといわれた日本の家は、着実に広くなった。一人当たりの居住スペースは、世帯人数の減少もあって大幅に増えて、『住宅・土地統計調査』でみても〇三年には一二・二畳（三〇年前の二・二倍）にもなっている。現在では標準的な間取りが、七〇年代の２ＤＫタイプから3～4LDKとなり、経済の高度成長期にあわせての居住スペースの増加がみられる。

ところが、住宅に対する豊かさが、依然として実感できないものがある。「住宅の質」の問題である。最近の集合住宅や戸建て住宅はそれなりの耐震性が保証されているが、既存の住宅を含む全ストックの約四分の一において耐震性が不十分という。さらに、居住環境の拙劣さも問題となっている。これには、全国で八〇〇〇ヘクタールにも及ぶ密集市街地住宅の存在が見逃せない。

住宅の所有と利用

国土交通省がまとめた首都圏の二〇〇〇～二〇二〇年の「人口変動推計」でも、都の区部を除く通勤圏内で都心から六〇分以上の地域では、二〇一〇年以降に人口が減少に転ずるとしている。地価下落にともなう都心回帰や少子高齢化が背景にある。

地価は、都市圏・地方圏ともに全国的に下落している。〇八年には、地価に底入れ感があり二年連続で上昇がみられたが、〇九年はサブプライムローン問題を契機とした景気の低迷を受けて下落傾向が続いている。このことは、土地や住宅を所有すること自体が、資産形成にとっての優位性を低下させる意味合いを持つことになる。

近年では、土地を預貯金や株式と同様なリスクのある資産と捉える見方が一般化している。土地神話の崩壊にともなう現象であるが、住宅価値の土地付随性にもかかわらず依然として根強い持ち家意識がある。

図表2をみると持ち家意識は横ばいだが、借家の意向は増加傾向にある。二〇〇〇年三月に議員立法による「定期借家」制度が施行されている。この法律は、良質な賃貸住宅の供給の促進と住宅の品質確保法に基づく

［図表2］持ち家志向か借家志向か

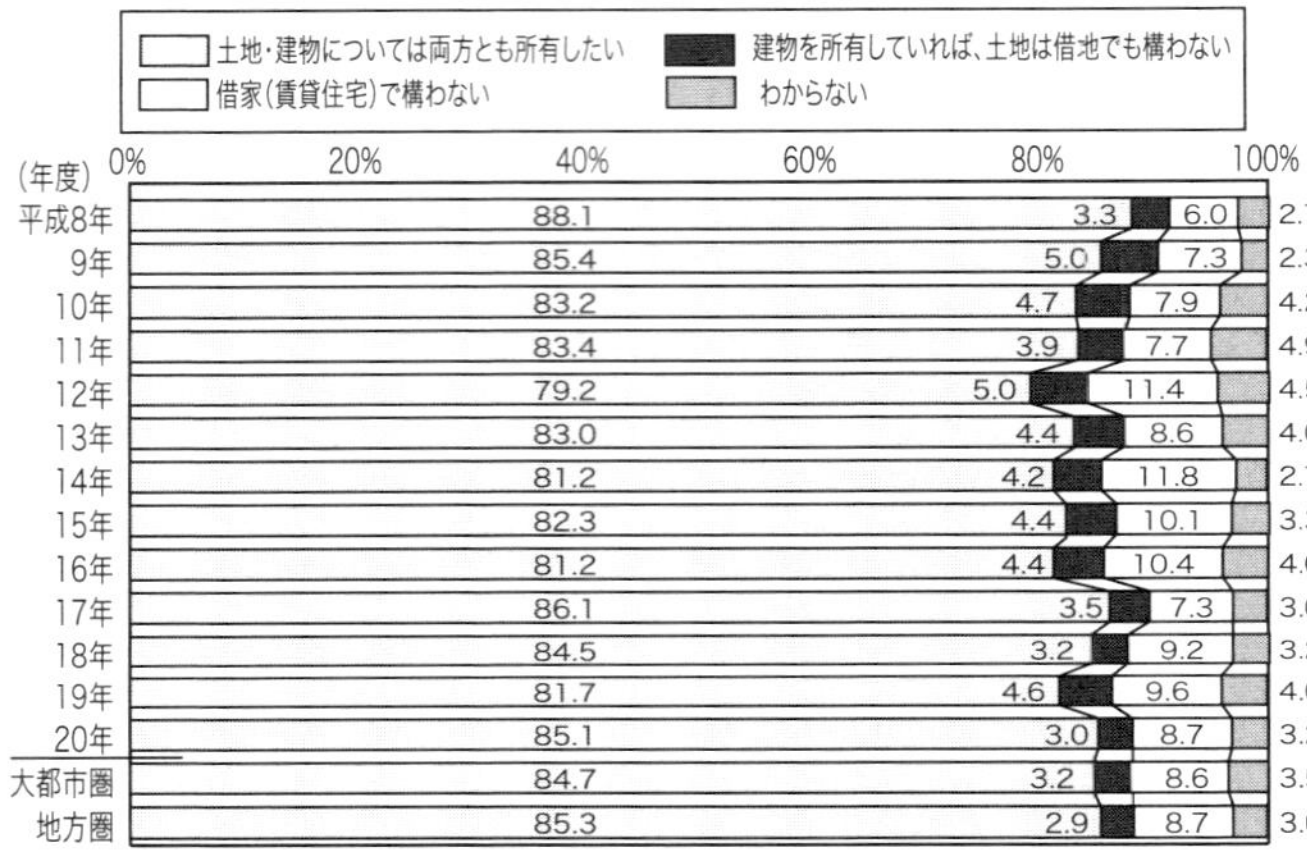

出典：国土交通省『土地白書09』

「住宅性能表示」制度の普及に努めることを定めている。

定期借家とは、借家が期間満了によって終了して、契約の更新がない借家契約を指す。一九九二年施行の借地借家法は期限付きの借家契約を創設したが、さらにこれを一般化したものである。従来の借家契約とは大きく異なり、貸し主や借り主にとっても有利な手段が見出せるものと歓迎されている。

これからは、住宅の所有から利用（借りる）へ移行すると思われるが、未だに賃貸住宅市場の活性化までには至っていない。これらには、住宅政策のあり方が大いに関係していると考えられる。住宅政策は、戦後一貫して「持ち家」促進を続けてきた。住宅不足の解消と個人資産の形成には、所有が最適だったことにある。その結果、土地の値上がりを期待し、無理をしてもマイホームを買ってきた。現在でも、ローン減税を含め相変わらず「持ち家」政策を続けているが、構造の変化に対応しなければならない時に来ているのではないか。住宅余りの現実を踏まえて、余剰住宅の利用を可能とする市場の開拓を急がなければならない時期に来ている。

加えて居住に対する多様化したニーズへの対応が必要となる。子育て期や高齢期といったライフステージや個人の価値観、ライフスタイルにあった条件を満たす住まいを選択する時代となっていることを認識しなければならない。

住宅の資産価値

住宅（建物）はその敷地（土地）と結合して効用を持つもので、これらの資産は、通常、一体として評価されるものである。それぞれが持つ居住環境や社会経済・行政などの要因によって、具体的な価値が決められることになる。このような価値は、一般に交換の対価である価格として表示されるし、その用益の対価としての賃料として表示される。また、これらの資産は、利用および権利関係により自用・貸家や区分所有などに分けられる。

価格は、その効用や希少性および有効需要などによって決まることになる。価格の評価方式には、①再調達原価によるもの、②取引事例価格によるもの、③将来の収益から価格を求めるもの、の三つの手法がある。自用の住宅については、これらの三方式を関連させて決定されるが、経年による建物の評価は極めて低く、建物を取り壊す場合などは価格から除却費用などを控除する考えが一般的である。

このような、わが国の住宅の評価に対して、欧米での住宅は土地と住宅が一対一の割合で評価される。土地が広大なせいもあってか、建物の相対的価値は減額しない。逆に住宅の維持管理を徹底していれば、十数年経っても資産価値が上がるといわれている。住宅だけではなく、土地を含めた環境、景観に価値が認められるので、家に対する投資は惜しまない。

日本の住宅の耐用（滅失）年数は、欧米に比べ短い。数値調査では、イギリスは七五年、アメリカは四四年、そして日本は三一年という。これまでの日本の家は約三〇年も持てばよく、短期間で建て替えを考えることになる。このようなことで、中古住宅は築何年と評価され、価値が認められない。これからは「量から質」の意識から、さらに進んで「ストック重視」の施策が講じられるが、「土地以外は、二束三文」の状態を解消する手立てをしない限り、このような住宅への投資はおぼつかない。


以上、住宅一般の資産価値についてみたが、マンションの資産価値の変動について考えてみる。

まず、このことを考える場合に、土地の永久性に対して住宅は減耗するということを確認する必要がある。土地は社会経済や土地利用による価格の変動（増減）がある恒久資産だが、住宅は老朽や消耗による減価が時間的に到来する償却資産であるということである。近年（〇八～〇九年）の土地価格の下落に応じるように、新築マンション価格は低下傾向にある。中古マンションにも割安感が出て関心が持たれている。

それではマンションの資産価値を落とさないためにはどうしたらよいか。一般に、値下がりしないマンションには条件があるという。その条件とは、①専有面積が広いこと、②駅に近いこと、③戸数が多いことである。これらの共通点に加え、管理体制がしっかりしていることも要件となる。建物はメンテナンスが大切である。マンションでは自己の住居部分のみを維持しても資産価値にはあまり影響しない。管理費や修繕積立金をきちんと徴収しているか、修繕計画が実行されているかが資産に影響する。要は、個に加え全体の構成がしっかりしているマンションは、資産価値が落ちにくいという結果になる。それでも、経済財であることや償却資産であることからは逃れられない。

ここで、資産の価格決定に影響を及ぼす土地の公示価格について触れておきたい。公的機関が公表する不動産価格の代表格として国土交通省の公示価格がある。不動産鑑定士が価格を推計しているのが実態だが、不動産業界では「実際の取引価格とは開きがある」との指摘がある。

公示価格以外にも、基準地価（都道府県）・相続税路線価（国税庁）および固定資産税評価価格（市町村）があるが、いずれも公示価格がベースとなっている。土地価格情報源としての各価格の水準は、通常、公示価格一〇〇に対して、基準地価は同等、相続税路線価八〇、固定資産税評価価格八〇といわれてきた。

しかしこのところ、公示価格が実勢価格より高い傾向が出ている。公示価格の八割とされる路線価評価額でも、土地が売れないという現象がある。また公示価格に基づいて評価され課税される固定資産税の負担も厳しく、評価についての課税自治体への審査請求が増えているという現実もある。

ここで問題にしたいのは、公示価格のメカニズムに対する批判についてである。よく知られているように、バブル期までの公示価格は、実勢地価より概して低かった。それは、公示価格の急上昇を抑えるために、地価を低めに誘導したからだといわれる。その結果、公示価格は実勢価格の五～六割の水準にとどまり、「公示価格は当てにならない」との世間の批判を浴びるようになった。

さらに、地価上昇率を抑えながら実勢水準に近づけるという二律背反の目的を達するための手法として、〝選定替え〟を採用した。選定

[図表 3] 三大都市圏の土地と中古マンションの変動率比較（09 年／ 07 年）

	土地	中古マンション
東京圏	3.6%	16.1%
大阪圏	1.8%	12.8%
名古屋圏	1.7%	17.7%

（備考）土地は 07 年 1 月の住宅地公示価格、マンションは 07 年 3 月（築 10 年）の市場価格

［図表4］2010年公示価格の変動率

	住宅地	商業地	全用途
全国平均	▲4.2(▲3.2)	▲6.1(▲4.7)	▲4.6(▲3.5)
三大都市圏	▲4.5(▲3.5)	▲7.1(▲5.4)	▲5.0(▲3.8)
東京圏	▲4.9(▲4.4)	▲7.3(▲6.1)	▲5.4(▲4.7)
東京都	▲6.2(▲6.5)	▲9.0(▲7.5)	▲7.0(▲6.7)
大阪圏	▲4.8(▲2.0)	▲7.4(▲3.3)	▲5.3(▲2.3)
名古屋圏	▲2.5(▲2.8)	▲6.1(▲5.9)	▲3.3(▲3.5)
地方圏	▲3.8(▲2.8)	▲5.3(▲4.2)	▲4.2(▲3.2)

（備考）1月1日時点、前年比%、カッコ内は前年、▲は下落

替えとは、評価する対象地点を変更することをいう。新たに選定された公示地点は前年の評価額がないから地価上昇率を算定しようがない。低水準の地点を廃止し、代わりの新地点には高い評価額をつける。これの繰り返しにより、上昇率を抑えながら公示価格を実勢に近づけていったという。

このような操作は地価の実勢を損なうものとして問題視されるが、その作為にもかかわらずその後の地価は下落を続けている。数字も、これを示している（図表4）。

公示価格は全国平均（全用途）で前年比四・六％下落し、二年連続で前年を下回った。不況の影響が広がり下落率が広がったが、商業地の落ち込みが大きい。これまでのピーク時の九一年の三割以下にまで落ち込んだ。地域別では三大都市圏が大きく下落し、商業地で比較すると七・一％下げている。三大都市圏は〇六年から〇八年まで上昇に転じる傾向にあったが、地方圏では一八年連続で下落している。

景気は持ち直しているが、都市部ではオフィス需要の低迷が続いてデフレが影を落としている。地方でも人口減に加え、デパートや工場の撤退が地価下落に拍車をかけている。地価下落が経済に与える影響は大きい。今回の下落にともなう土地資産額の減少は五五兆円程度ともみられているが、逆資産効果や担保価値の減少で

企業の財務内容も悪化させる。

政府は公的資金でＲＥＩＴを支援しようとしているが、必要なのは不動産にマネーを流す仕組みである。ビル開発を優先して床の供給過剰を招いたり、都市への過剰なてこ入れで都市バブルと地方の空洞化をもたらす土地政策の見直しも欠かせないことになる。

2　住宅の供給

戦後の絶対的な住宅不足から住宅余りの現状に至るまでには幾多の進展要因があるが、人口減少段階を迎えて右肩上がりの住宅需要は変わることになる。一方で、住宅や住環境の質的な水準を改善する課題が残されている。

住宅の供給には、住宅資金の調達という課題がある。さらに所有や維持に関する費用などの問題も考慮しなければならない。

そこで、本来、住宅の供給は誰が責任を持つものか。資産所有者としての個人か、あるいは福祉・社会保障としての国家なのか、その辺のところを広い範囲で考えてみたい。

住宅の取得と選択

人は日常の経済活動を通じて富を蓄え、その成果として資産をつくる。資産というと、まずカネと不動産が挙げられる。カネはいわずと知れた預貯金や株式、それに債権やその他の金融資産が含まれる。不動産には、借地権などを含む土地と建物（住宅）が考えられる。大きくみてこれらの資産が市民の資産を形成しており、これらの価値の変動が経済の対象となって循環している、と考えられる。土地・住宅問題や住宅政策といっても、これらの枠組みの中で動くことになる。

現在われわれの住む社会は、個人の財産権が尊重され、かつ自由な経済行動が保障されているから自己の資産をつくることができる。どのような住宅を持ち、利用するかはあくまで個人の判断であり、持ち家の場合もあるし、借家での生活を考えることもある。住宅は生活の基盤として、いずれの者も選択ができ、また提供されるものである。これらは制度として確立しており、政策的な誘導も行われている。

サラリーマンが購入可能な住宅価格は、一般に年収の五倍が上限といわれる。〇八年の三大都市圏の勤労者世帯は平均年収が約八〇〇万円だから、取得価格は四〇〇〇万円が目安となる。最近の都市圏でのマンション市場動向をみると、販売好調の目安とされる契約率七〇％に近づき、市場の底打ちがみられるようになった。背景には、〇八年には〇五年に比べて二割も上昇した価格の、金融危機や景気の低迷による下落にあるとされる。在庫物件の調整（安売り）が進み、現在では六割程度が新規物件となっている。一方で、戸建て住宅もローン金利や税制の手当てもあって、土地付き建売住宅が選ばれているという。特に、建売住宅人気で台頭し

［図表5］首都圏の住宅価格の年収倍率

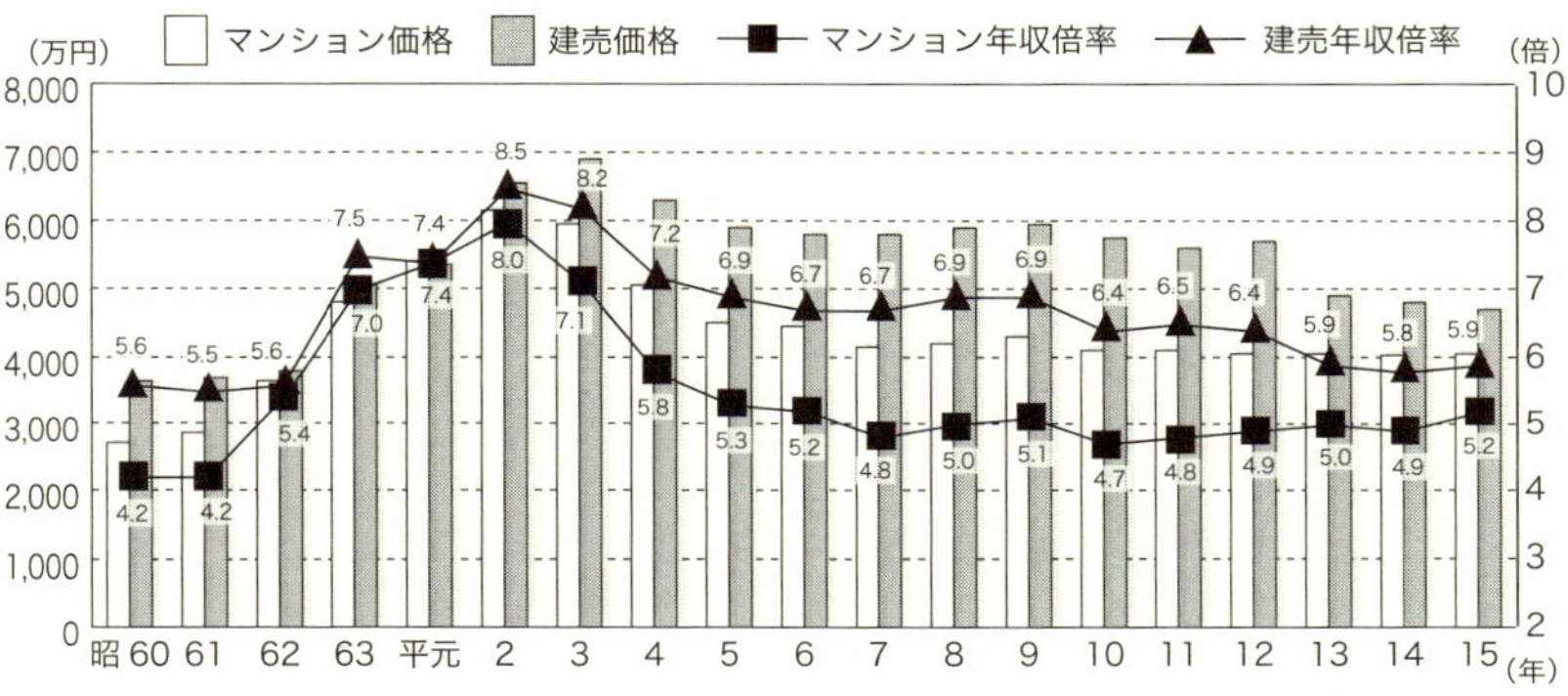

出典：社会資本整備審議会資料

たのが、〝パワービルダー〟と呼ばれる地域密着型の工務店である。さらに、建て替えなどの土地取引のない注文住宅も回復する傾向にある。

住宅の取得については、戸建て住宅とするか、マンションにするかは、取得購入者のいろいろな事情による選択であって特に問題はなく、住宅事業への投資も事業者の判断ということになる。ここに取り上げたいのは、取得する住宅本体のことで、いわゆる「住宅の質」のことである。

○五年十二月に発覚したマンションやビジネスホテルの耐震偽装問題によって、建築確認を含む建築行政制度の欠陥が露呈したことで、社会的に大きな課題を残している。今回の事件で、民間の指定確認機関によるずさんな審査が明るみに出たことには、指定機関に対する地方自治体の監督責任や国の法制度の欠落が指摘されている。

対策を検討した社会資本整備審議会（国土交通大臣の諮問機関）では、建築物の構造計算書のピア（二重）チェック制度の採用、新築住宅の欠陥に備える保険加入や民間検査機関への監督、設計者などへの罰則の強化を再発防止の柱とする建築・住宅制

［図表６］住宅の耐震化の状況

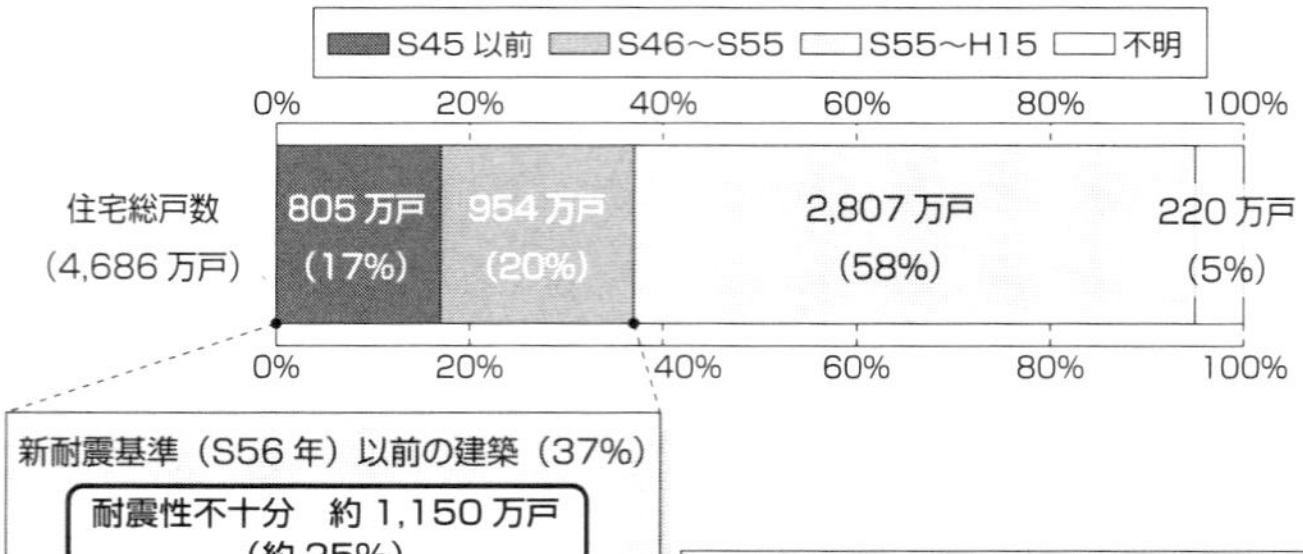

大規模地震の被害想定（中央防災会議）

	東海地震の被害想定	東南海・南海地震の被害想定	首都直下型地震の被害想定
被害想定（死者数）	約 9,200 人	約 17,800 人	約 12,900 人
うち揺れによる死者数	約 6,700 人	約 6,600 人	約 3,300 人
その他による死者数	約 2,500 人	約 11,200 人	約 9,600 人

阪神・淡路大震災における被害状況

建築物の全壊・半壊	建築物の消失
約 25 万棟	約 7,500 棟
倒壊による死者数	火災による死者数
4,831 人（全死者数の 88%）※	550 人（全死者数の 10%）※

※警察庁調べ（平成 7 年 4 月 24 日現在）

出典：社会資本整備審議会資料

度の見直しを行った。次章で述べるように、審議会は〇五年六月の住宅政策の基本方向を示す答申の中で、住宅の安全を掲げているが、何か妙な取り合わせとなっていることが気にかかる。

　国土交通省では偽装問題をとらえて、建築基準法をはじめ宅地建物取引業法、建設業法を改正した。再発防止策の柱として、第三者機関による構造計算書のピアチェックや新築住宅の欠陥保険加入の義務化があるが、そのコストを誰が負担するのかということがある。二重の構造審査料・保険料の負担が住宅の取得者に転嫁されないか。販売価額への上乗せが課題として残ることになる。

　住宅の質に関することは、単に住宅の耐震化だけではなく、住宅の防犯性、環境などの居住環境、高齢者や子育てに適した整備、住宅セーフティーネットの確保などハードな視点からのチェックが必要になる。さらにこれらに加えて、居住ニーズの把握や所有から利用への意向の変化、住まいの多様化などに対応する、住まいに関するソフトで広範な選択肢の充実が求められる。

次に、住宅の取得に欠かせない住宅ローンや金利のことを考えたい。戦後のわが国の絶対的な住宅不足を解消したのは、旧住宅公団、公営住宅および旧住宅金融公庫による計画的かつ安定的な住宅供給の施策によるところが多い。

大都市圏を中心に住宅・宅地の大量供給を担ってきた公団が都市機構に変わって分譲から撤退し、公営も「地方の自主性」への政策転換での変質がある。残る公庫も、〇八年に民間金融機関の住宅ローンを支援する証券化業務（住宅金融支援機構）へと移行した。このように、これまでの住宅政策を支えてきた三つの主要な手法に抜本的な改革が進められた。住宅政策の変遷については後述するが、要因となるのは住宅の充足と住宅事情の変化であって、これらの診断と処方箋が「住生活基本法」ということになる。

かつて日銀は、〇六年三月に約五年ぶりに金融政策を転換した。〇一年三月に導入された量的緩和策は、わが国の深刻なデフレを克服するために景気拡大局面を下支えする役割を果たしてきたが、この量的緩和策を解除したのである。この間、日銀の「物価が上昇するまで量的緩和を継続する」との政策によって、金融調節の対象とする短期金利だけでなく中・長期金利も低下した。これにより企業の金利負担が軽減され、為替市場での円安が定着して輸出が伸びた。企業業績が向上して、雇用や消費の改善にもつながった。さらに、短期金利についても、〇％程度で推移するよう促す「ゼロ金利政策」を維持する方針をとってきた。

ところが、思わぬ事態が発生した。バブルの崩壊から瞬時の立ち直りをみせた日本経済も、サブプライムローン問題（信用力の低い個人向け住宅融資）を契機に、再度の低迷に見舞われた。米国の住宅バブル崩壊による金融危機は、証券化されて世界中に売りさばかれた住宅ローンによって引き起こされた。この米国発の不良証券は急速に他の金融商品を汚染し、世界的に深刻な信用収縮と金融資産の価値の下落をもたらした。

世界的な金融危機を受けて、わが国でも金融機関への公的資金の資本注入枠として一二兆円を設けたが、世界では一〇〇兆円規模となっている。公的資本による資本注入は、国が金融機関の株式を買うなどの方法で金融システムを守る狙いがあり、九〇年代後半の金融危機の際にも実施されている。さらに、真水の国庫支出が過去最大の一五兆円超となる約五七兆円規模の「経済危機対策」をまとめている。これは、〇八年八月以降にとられた支出総額一二兆円に及ぶ「緊急総合対策」・「生活対策」・「緊急対策」に次ぐ政策総動員の危機対策とされている。

このように、世界経済でデフレの懸念が浮上している。経済・金融危機で需要が冷え込んでいることが背景にあるが、物価上昇が鈍る一方で政策金利もゼロに近づいている。主要国の政策金利は日本（無担保コール翌日物金利）と米国がゼロに近づき、欧州も英国が年〇・五%、ユーロ圏が年一・五%と最低水準になっている。

ここで、具体的に住宅ローンの金利動向をみると、変動金利型ローンの店頭表示金利は二・五%程度となっている。ほぼ史上最低水準のレベルである。固定金利型ローンについても期間三年ものは優遇金利によって、三%台で利用できる。全期間固定金利型の代表格である住宅金融支援機構と民間提携の「フラット35」の返済期間二一年以上が三～四%となっている。

ところで住宅を取得するときには、住宅ローンやローン利用にかかる諸費用、税金などを考えなければならない。当然に返済額の範囲内に納まる借り入れとなるが、借入可能額は金利のタイプによって異なってくる。たとえば、毎月の返済額が一〇万円の人が、金利一・六七五%の変動金利型ローンを返済期間三五年で借り入れるとすれば、三一七〇万円まで可能、金利二・八九%の全期間固定金利型だと二六四〇万円までになる。同じ返済額でも、借入可能額は五三〇万円も違うことになる。

　また、金利の低い変動金利型が有利とも考えられがちだが、問題もある。変動金利型は市中の金利動向によって適用金利が変わり、返済額も変わることになる。大幅に金利が上昇すると、約定通り返済しても元金が減らないばかりか、未払い利息が発生して実質的に元金が増えるといった事態も起こりかねない。このことは、金利の低いローンは借り入れ後の返済額増額のリスクが大きく、完済まで金利・返済額が変わらないリスクが小さいローンは金利が高くなることを示している。どのタイプを選ぶかの、条件整理が必要となる。さらに返済には、返済方法、返済期間の選択がある。返済方法としては、毎月の返済額が定額の元利均等返済や最初は返済額が多いが返済が進むと減っていく元金均等返済がある。返済期間は通常、最長三五年だが、毎月の返済額との兼ね合いで、できるだけ期間を短くするようにしたい。

［図表7］住宅ローン金利（2010.3.1　年、%）

財　形		固定型	1.420
銀行・生命保険会社			
変動型			2.475
固定金利指定型	3年		3.300
	5年		3.600
	10年		3.600
	20年		4.250
固定金利型（フラット35）	21年以上		2.60〜3.60

（注）住宅機構が長期固定金利型フラット35Sの金利を大幅に下げる優遇措置をしている。耐震性・耐久性・バリアフリー・省エネルギーの基準がある（10・12・30までに限る）。

　このところ、長期金利（長期国債の利回り）が上昇している。金融市場で長期金利が上がると預金金利の上昇につながる半面、貸出金利や住宅ローン金利も押し上げる。金融・経済危機を背景に主要国の長期金利が下がっていたが、各国の財政悪化の懸念から国債が売られる傾向にあった。景気悪化に歯止めをかけようと財政出動に動いたが、その財源を賄うために国債を増発してきた。

　国債は売りが増えると、金利の上昇（価格は下落）につながる。日

［図表8］住まいに対する意向（所有関係）

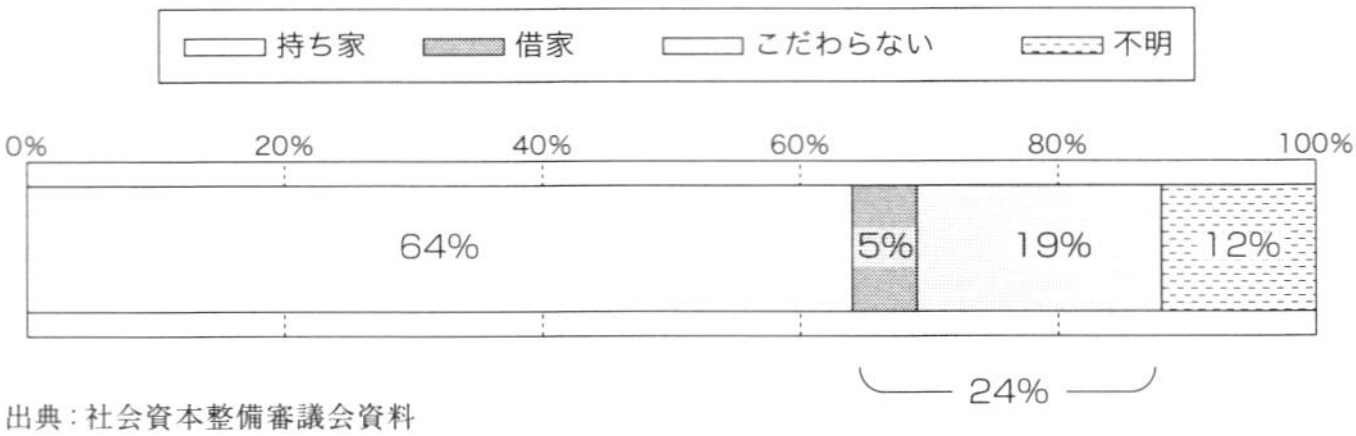

出典：社会資本整備審議会資料

本の金利上昇は欧米に比べて今のところ小幅だが、金利は今後上昇しやすいとの見方がある。したがって、住宅ローンのタイプの選択に慎重にならざるを得ない。

続いて取得に代わる利用、すなわち借家について考える。前掲の［図表2］で「借家（賃貸住宅）で構わない」と回答した者が約一〇％（六頁参照）となっているが、現実には住宅総数の約三八％が借家といわれる。また近年では、持ち家を好む者が多いが、借家を好む者やこだわらない者も全体の四分の一程度いる。持ち家か借家かの意向では、図表8のようなデータもある。

わが国では、未だに持ち家と貸し家（借家）の居住品質の差が大きいのが実情だが、品質のよい賃貸住宅の供給如何では、貸し家の存在が大きくなると思われる。課題とされている住宅サイクルの短さは、主に貸し家に起因するもので、この対策が不可欠となっている。わが国では持ち家志向が強く貸し家は一時的な住まいとしての役割を持ってきたが、借地や借家の法制度も原因となっている。戦中・戦後の住宅難に対処するための借家人保護の行き過ぎが後遺症となっているとの多くの指摘がある。

景気の減退で停滞気味だが、新規貸し家の建築着工件数は年五〇万戸台で推移している。貸し家を構造別にみると木造が二五％で、建て方別では共同住宅が八五％と圧倒的に多い。木造共同住宅（いわゆる木賃）の供給は個人地主がほとんどで、住宅としての課題が多い。これについては後述する（一三九頁参照）。

住宅政策の変遷

一九四五年頃の終戦直後には、戦災による焼失と海外からの引揚者の増加にともない約四二〇万戸の住宅が不足していたといわれる。戦後直ちにとられた住宅政策は、まず不足に対する補充から始まった。これに対処するために一九五〇年代に、住宅融資を行う「住宅金融公庫」、低所得者に借家を供給する「公営住宅」および中産層に借家と持ち家を供給する「住宅公団」の三つの住宅供給制度とその事業体が設立された。さらに住宅の大量供給について、住宅建設計画法（昭和四十一年法律一〇〇号）に基づく「住宅建設五か年計画」が発動されたが、六〇年代に始まった高度経済成長のあおりを受けた大都市への人口流入が止まらず、深刻な住宅不足が続いた。

以来、住宅政策はこの三本柱によって運営されたが、大都市の住宅不足は依然改善されずに経過、ようやく七〇年代になって住宅政策の効果もあり、すべての都道府県で住宅数が世帯数を上回って「一世帯一住宅」を達成した。この時点で住宅の量的不足は解消した。七六年からの第三期以後は、国民が確保すべき「最低居住水準」から欧米先進国並みの「平均居住水準」の確保へと進展し、現在の「量から質」への転換を迎えている。

これらの「住宅難の解消」→「量の確保から質の向上」→「市場機能・ストック重視へ」の過程を年代的に

[図表９] 住宅政策の変遷

年代	1945（S20）	1975（S50）	2000（H12）
	(S33)1793 万戸 1865 万世帯	(S48)3106 万戸 2965 万世帯	(H15)5387 万戸 4722 万世帯
特徴	住宅不足	住宅余り	居住水準 1/2 達成
目標	不足の解消	量から質へ	ストック重視へ
公営住宅（S26）	限度額家賃	応能応益家賃	優良賃貸制度
住宅公団（S30）	大規模団地建設	分譲から撤退	民間供給支援
住宅建設５か年計画（S41）	公的資金住宅	居住水準目標	平均住宅水準

（国土交通省『住宅政策の基本法制について』05・11 より作成）

みると、図表9のようになる。

住宅政策を大きく分けると、国民福祉からの社会政策という面と経済活動という経済政策になると思われる。社会政策としては、戦後からの数次の「住宅建設五か年計画」にみられるように住宅不足に対する供給、住宅困窮者、特に低所得者への公営住宅の提供があった。経済政策としては、住宅金融公庫の融資を中心とした持ち家対策がとられてきた。住宅に困窮する国民に住宅を提供するということは国家の任務でもあり、憲法にも保障されているが、福祉行政の限界という側面もあり完全なものではない。

公的な借家として公営住宅や改良住宅、都市機構賃貸住宅などがあり、民間借家に比べると低額な家賃となっているが、住宅の老朽化や家賃算定方式の改正による相対的な高家賃の傾向がみられる。

ここで考えなければならないのは、公営住宅の縮小、旧公団住宅の分譲からの撤退によって、公的住宅がこれまで支えてきたわが国の住宅事情を崩壊しないだろうかということである。このように公民格差が少なくなった賃貸住宅がどのような方向に向かうのか、存外、住宅政策のエポックとなるのではないかと考えてい

［図表 10］公営住宅と民間借家の家賃の比較（1 畳あたり）

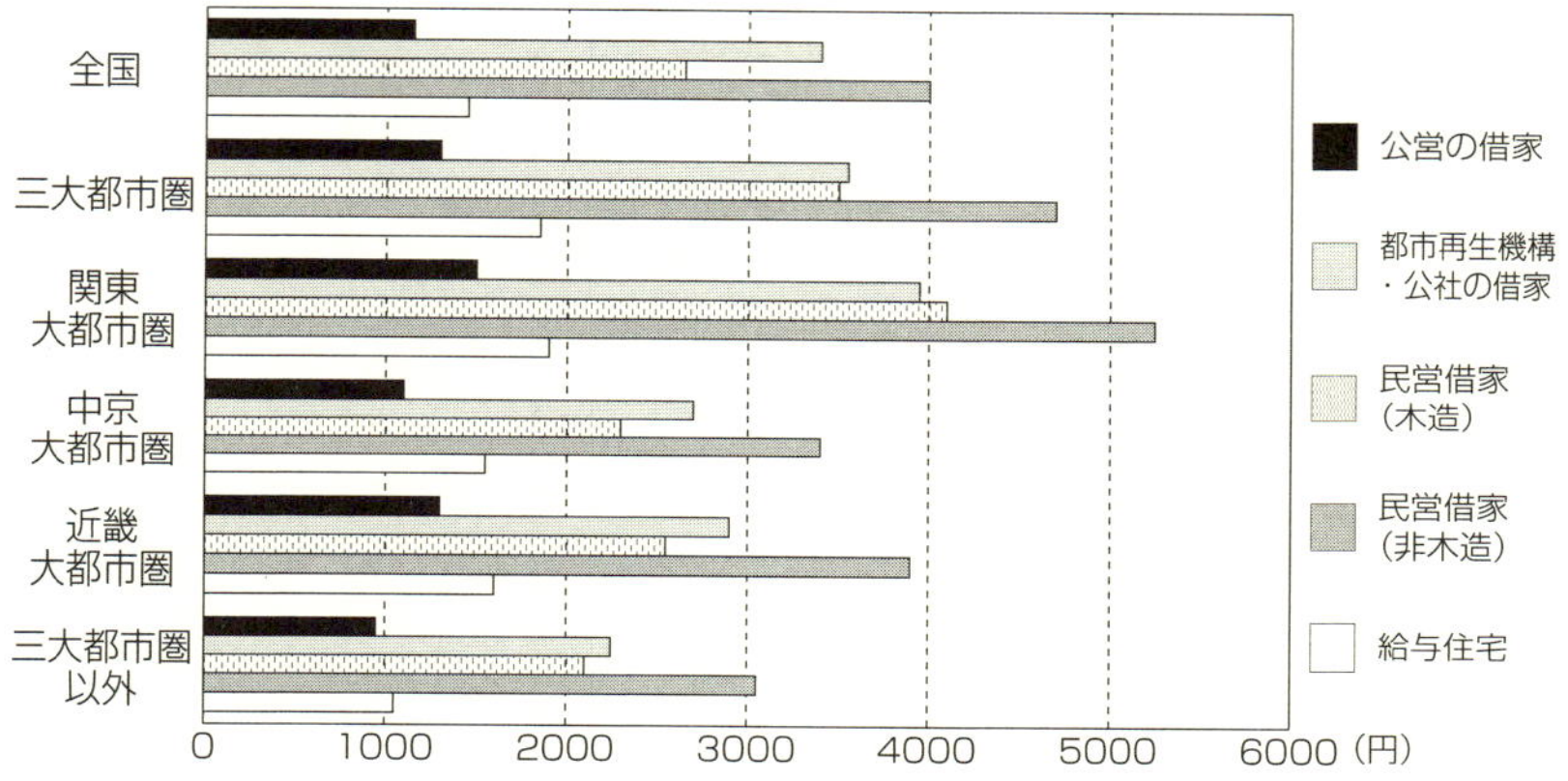

出典：総務省『住宅・土地統計調査 09』

る。

住宅は当然に居住を中心に論じられるが、老人福祉施設の態様について考えてみたい。これを住宅のカテゴリーに含めることには異論があるかもしれないが、これまで住宅政策として触れられなかったというよりは、事態が急速に拡大したため後手に回っているということである。

まず、このことを考えるには高齢者医療制度から入らなければならない。高齢者福祉には、健康保険による高齢者医療と介護保険による介護の法的措置がある。医療費の減額や限度額内での介護サービスを受けることができる仕組みである。これに要する費用は国民全体で負担する趣旨で、自己負担以外は各種医療保険の保険者による拠出金と税金で賄われることになるが、費用の抑制ということが背景としてある。

要介護者は全国で四〇〇万人を超えるが、給付費抑制が政策課題となって、真っ先にとられたのが介護施設での居住費を給付からはずし、自己負担としたことである。在宅支援との公平化が名目とされている。さらに、介護費用の値上げによって公営と民間との負担差も縮まっている。特に特別養護

［図表11］高齢者がいる世帯（推計）

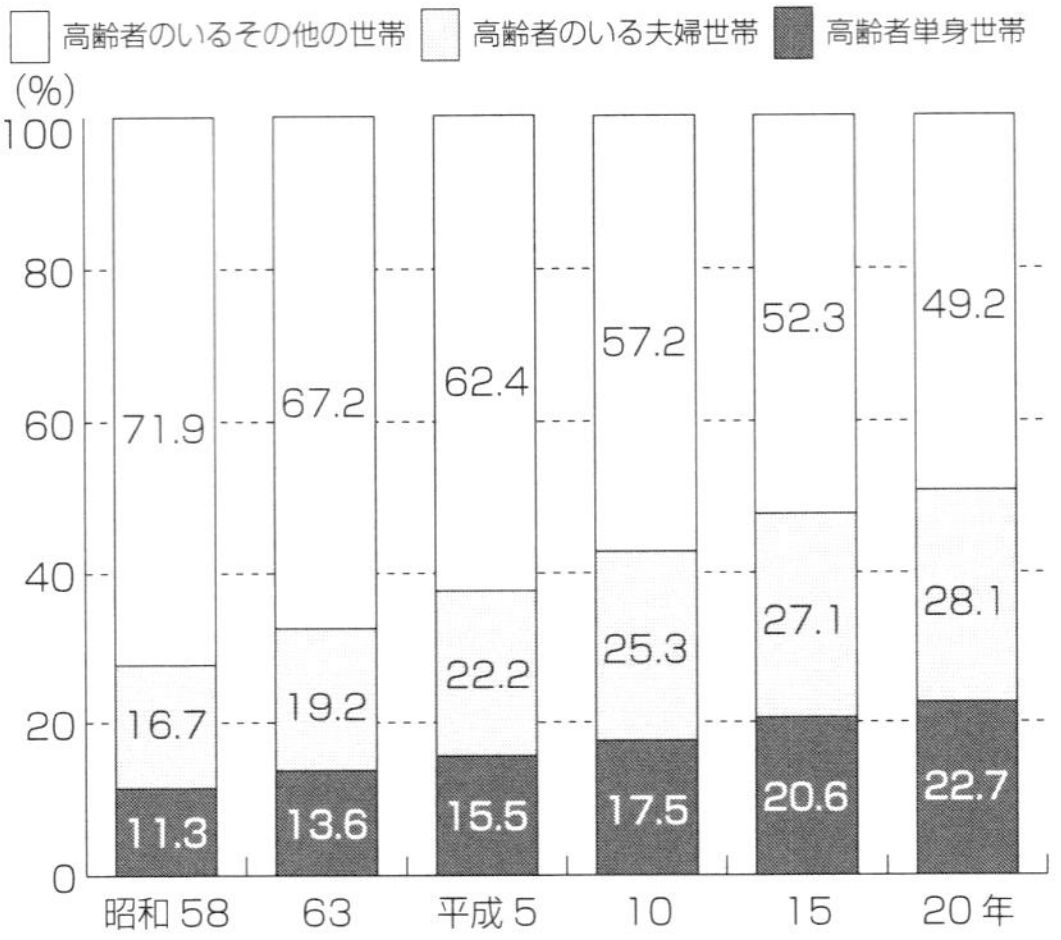

出典：社会資本整備審議会資料

老人ホームは、民間に比べ低価格のため長期の空き待ちがあったが、施設の増加も少なく介護給付も減っているので、民間有料老人ホームへのシフトが進んでいる。

ここで、入院医療と入院介護について触れる。全国に三六万床あるといわれる療養病床は慢性疾患などによる長期の入院療養が目的だが、介護保険が適用されているものが、一四万床もあるという。医療と介護が二本立てになっているということだ。療養病床と特別養護老人ホーム・老人保険施設が、事実上同じ状態の高齢者を抱えているということになる。

○六年四月から、比較的元気な軽度者は介護から「予防サービス」に変わった。また、施設入居者の自己負担が増えた。さらに、長期療養患者のための療養病床を六割削減する。医療以外で入院を続けるいわゆる〝社会的入院〟を解消するのが狙いである。ケア付き高齢者住宅の整備率が高齢者人口の五％前後の欧米に比べ、日本は一％前後である。高齢化が進むなかでのこれらの施設（住宅）の整備が課題である。

介護施設には図表14のような施設があり、それぞれ異なった目的と対象を持っている。負担も給付の内容も異なる。医療型施設から居住型施設へと転換が進められているが、このことは住宅政策でもあるとすることに問題があるだろうか。〝社会的入院〟から排除される高齢者を、住宅の面から考えてみたらどうなるか。端的にいって、住居費を負担させるのは、医療あるいは介護をともなう住宅の賃貸であり、その施設は住宅ではないかという視点である。医療や介護は、福祉・社会保障の分野でもあるが、住宅政策の領域でもあるのではないか。そう考えると、住宅としての取り組みが待たれることになる。

［図表12］ケア付き住宅の整備状況
（65歳以上人口に対する総定員の比率）

国名	ケア付き住宅	介護施設
日本（2002）	0.8%	3.2%
英国（1984）	5.0%	3.0%
スウェーデン（1990）	5.6%	3.0%
デンマーク（1989）	3.7%	5.0%
米国（1992）	5.0%	5.0%

（備考）厚生労働省調べ

特別養護老人ホーム（特養）で暮らすお年寄りの高齢化、病状の重度化が進むなかで、施設でのターミナルケア（終末期介護）がますます重要になっている。介護する人がいないなどのために、特養が〝終の住処〟となるお年寄りも少なくない。調べによると、特養で死を迎えられるのは入所者の三割に過ぎず、半数近くが病院に移されて亡くなっているという。

末期ガン患者らをケアするホスピス（緩和ケア病棟）が、九〇年代から国内で急増している。大半の人が一般病棟で亡くなるなかでの選択だが、ホスピスは治療を目指す一般病棟とは違い疼痛・呼吸困難などの身体的苦痛や不安などを和らげることを主眼とする。希望してもホスピスに入れない患者を診る在宅ケアもあるが、今では、賃貸集合住宅に診療所や訪問ヘルパーステーションなどの施設を併設したホスピスもできている。

［図表 13］障害者の居住場所（東京都）

	身体障害者	知的障害者	精神障害者	東京都全体※
持ち家	59.5%	58.5%	40.7%	(41.5%)
民間賃貸 一戸建て アパート・マンション等	 3.2% 13.5%	 3.2% 8.6%	 1.7% 25.9%	(41.6%)
公営・公団・公社	18.4%	16.9%	20.4%	(9.1%)
社宅など	1.2%	1.8%	0.5%	(4.9%)
施設	2.4%	9.9%	2.9%	(0.6%)
その他	1.6%	1.1%	6.7%	

資料：障害者の生活実態（平成 10 年度東京都社会福祉基礎調査）
※東京都全体については『平成 10 年住宅・土地統計調査』（総務庁統計局）

出典：社会資本整備審議会資料

認知症への社会の理解は進んでいるが、そのケアサービスは置き去りにされている。調査では、脳血管疾患や心疾患での入所希望者は一〇％ほどだが、認知症だと二五％が希望している。在宅での介護の難しさがうかがえる。全国の要介護者の半数は認知症で、一〇年後には二五〇万人に達するとされる。その半数は自宅で生活しており、特養はどこも満員で、待機者が現在二〇万人を超えている。その対応策は特にない。

認知症ケアに特化したサービスは特養のほかには、グループホーム（一九九七年度に制度化され、街なかの少人数の家庭的施設でプライバシーを尊重。八〇年代には知的・精神障害者向けも開設）だけだが、〇五年度末のグループホーム総数は七五〇〇か所、定員は一二万人弱に止まり、まだまだ足りない状況という。だが、市町村には新設抑制の動きがある。抑制の理由は、新設によって給付が増え保険料が増えるからだという。

これらの施設の不足を商機に、民間介護各社の有料老人ホームやグループホームの開設が加速している。特養との費用格差の縮小やグループホームの不足をカバーすることもあって、入居者の獲得を目指している。

医療制度改革関連法（〇六年）には、さまざまな医療費抑制策が盛り込まれている。改革の柱は医療費の負担引き上げと社会的入院の解消だが、その一つが入院中心の医療から在宅中心の医療への転換である。日本での平均入院日数は欧米に比較して際立って長く、医療費の増加の要因とされている。

さらに政府は二〇一二年度までに、長期療養の高齢者が入院する療養病床を現在の三八万床から一五万床に削減するとしている。ただ、病床から追い出され、行き場のない高齢者が医療・介護難民となる恐れが強いとの批判があるが、病院を介護施設などの居住施設に転換することが検討されている。厚生労働省は、医療病床のうち介護保険適用分の一三万床の削減について、施設を改装・新築する費用に〇八年度から五年間にわたり毎年四〇〇億円を公費で拠出することにしている。

このように、高齢者の介護が限りなく住宅の分野に接近すると、すべての生活部面が住宅に収斂する。そうすると必然的に、住宅のセーフティーネットとの関係も浮上することとなる。人が老いれば、住宅も社会もそれに適合した政策を課題としなければならない。

これまでの高齢化は、主に農村部の問題とされてきたが、これからは都市部に住む団塊世代の高齢化の問題である。それは今ま

［図表14］高齢者が暮らす介護施設

施設	特別養護老人ホーム	老人保健施設	介護療養病床
特徴と対象者	最も多く高齢者が生活している。費用は比較的安価だが、待機者が多く入居が難しい。相部屋が多いが、個室もある。 要介護認定者のうち、介護度の高い人、認知症がある人が優先される。	病院で治療を受けた人が自宅や老人ホームに復帰するために、リハビリテーションを行う施設。 要介護認定者が対象で、待機者も多い。	介護が必要な高齢者が長期入院する病床。家族が介護できない「社会的入院」の要素がある。 削除の対象とされている。

（備考）ほかに、有料老人ホーム（介護付き住宅）、グループホーム（認知症）、ケアハウス（自宅での生活が不安）などがある。

でにない規模である。〇九年の『高齢者白書』は、〇八年の高齢者人口（六五歳以上）は総人口の二二％になったと報じている。また、二〇三〇年には総人口の三〇％を超えるとの推計もある。これからの高齢者が四分の一を占める状態を前提とした社会を模索し、高齢者への諸施策の総合と個人・家族・地域の次元での体系化が求められる。

これまで政策としての老人介護施設と住宅の融合についてみたが、土地および住宅の利用に関する変遷を考えたい。注目するのは、土地および住宅の利用に関する閉塞障害の解消についてである。まず、借地・借家における「正当の事由」についての解釈の変化を取り上げる。住宅は、自分の土地に建てるか、または他人の土地に建てるかの二つに分けられる。つまり、所有か利用かということである。所有地の場合は問題はないが、借地の場合はそれなりの手立てが必要となる。

そもそも、なぜ他人の土地の上に自分の建物を建てられるかということである。それは、わが国の民法の特殊性に起因する。わが国では、土地と建物を別の不動産とする法制となっており、その結果、借地（他人の土地に自分の建物を所有する）制度が生まれ、進展してきた。

それでは外国ではどうか。土地と建物は一つの不動産として扱われる。リースホールド（時間的所有権と訳される）として、借地人は一定期間その土地と建物を所有することになるが、期間満了時には土地と建物（自分が建てた）を一体として地主に返還することになる。この場合、借地人は地主に対し時間的所有権の売買代金を支払い、借地期間中の土地の税金も支払う。英国では時間的所有権を切り売りすることもできるので、土地を階層的にも所有することができることになる。

それでは、わが国において他人の土地を利用する方法にどのようなものがあるか。本来的には、農用（小作）と建物所有のための土地利用があるが、農用では賃貸借および永小作権が、建物所有には地上権および使用貸借（無償）がある。したがって、現在行われている宅地の賃貸借は、本来は建物所有のために制定されたものではない。このことは、その後の借地借家法の歴史的経緯をみると、借地・借家に関する考え方がよく理解できる。

一〇〇年以前に制定された民法（一八九八年）においては、賃借人の権利は弱かった。当時は日露戦争の影響で都市への人口集中があって、借地・借家が貸し手市場となった。このため建物保護法（一九〇九年）や借地法・借家法（一九二一年）が制定されて、地震売買（新地主による明け渡し請求）からの保護、最低二〇年の借地期間の保証や借家期間の保証、建物引き渡しが争訴での対抗要件にもなった。日中戦争が起こり、第二次世界大戦に備えた国家総動員法（一九三八年）、地代家賃統制令（一九三九年）が発動され、さらに戦時立法として借地法・借家法が改正（一九四一年）されている。この改正は、次のような効力を発揮した。

○正当事由（自己使用の必要性等）がなければ、更新拒絶または解約の申し入れをしても終了せずに法定更新（前と同じ条件）された。
○更新拒絶の期間を定め、更新後の期間も法定された。
○借地期間満了によって返還する際も、建物買取請求権が認められた。

この結果、賃借人の権利が強くなって、世間での建物立ち退き料（明け渡し料）の授受が恒常化した。一方、地主・家主側は自衛のために借家の貸し渋りを選択するようになり、住宅供給に不安定な事態を引き起こすようになった。

戦後、わが国は産業復興政策を優先したが住宅までには手が届かず、住宅不足の解消にはほど遠い状態が続いた。世情では住宅難のため、緊急避難的な借家人保護の裁判例が出たほどだった。経済復興期を経て高度成長期となると、官民あわせての住宅政策の効果もあって住宅不足が解消されることとなり、「一世帯一住宅」から家余り状態が出現するようにもなった。これらの住宅事情の好転を受けて、庶民の借地・借家の事情も安定した状態となり、地主・家主にとって不本意の条件であった「正当事由」の内容の改正が行われることになる。従来の建物保護法、借地法・借家法が廃止され、新たに借地借家法（平成三年法律九〇号）を制定、一九九二年八月から施行されている。この時点での正当事由の判断要素をまとめると、次のようになる。

①当事者双方の事情
②建物の賃貸借に関する従前の経緯
③建物の利用状況および建物の現状（老朽化など）
④立ち退き料の提供（補完事由）

以上のように土地および住宅も、土地・住宅政策としての法的な変遷をたどってきたわけだが、さらに、所有者と賃借人が合意による賃貸関係をつくる「定期借地権」および「定期借家権」が登場することになる。これらの法制は、前述の借地借家法により創設されたもので、正当事由を排除することや契約条件の確定などの内容が盛り込まれたこともあって、地主・家主側と借地人・借家人側の双方から歓迎される仕組みを備えている。定期借地権および定期借家権の内容をまとめると、次のようになる。

定期借地権

○効用

・地主は土地を持ち続けられ、社会に役立たせることで収益を得る。
・借地人は建物への土地負担を軽減することで、利益を得る。
・地主と借地人との相互信頼関係ができる。
・契約期間が安定しているので、長く使える建物が供給できる。
・建物本体のほか、周辺の環境づくりに貢献できる。

○利点と欠点

・土地の保全が可能（貸しても戻ってくる）となる。
・一時金（期間収益として分割される）が入る。
・貸し地期間中は地代（一時金との兼ね合い）が入る。
・地主は土地の換金などの自由がなくなる。

定期借家権

○効用

・旧借家法では「正当の事由」がない限り、借家人に明け渡しを求められなかったが、契約期間が終了すれば借家が終了する（「良質の賃貸住宅等の供給に関する特別措置法」二〇〇〇・三で改正）。

・制度として、家主の財産権が保証される。
○利点と欠点
・契約期間の満了により賃貸借が終了する。
・立ち退き料の支払いがなくなる。
・建て替えや物件の売却が容易になる。
・遊休住宅が賃貸市場に供給される。
・確実な家賃収入が期待できる（投資利回りの確定）。
・更新料などの一時金収入がなくなる。

この制度導入により、〝貸したら返ってこない〟といわれた借地・借家の問題が解消されることになるが、その効果はどうだろうか。現在までに供給された定期借地権付き住宅数は約四万五〇〇〇戸で、年間の供給数は約四〇〇〇戸（マンション約一三〇〇戸を含む）程度である。これは民間の賃貸住宅約一三〇〇万戸の数％で、定期借地にしろ定期借家にしても、住宅ストック総量の約五四〇〇万戸からみれば、未だ微々たるものである。しかし大きな変化として、都市機構（旧公団）住宅での定期借家が〇九年から導入されることがある。都市機構の賃貸住宅数は約七七万戸ともいわれ、その波及の去就が注目される。政策的に、定期借地や定期借家の意味するものは、「正当の事由」に由来する借地・借家の閉塞を解消するもので、借地・借家関係を本来の姿に戻すものである。これらの制度は、旧来の借地・借家関係の改善として好ましいあり方として理解できるが、一般化しない原因がどこにあるのか、速やかに究明する必要がある。この制度の普及がない限り借地借家法の趣旨は生かされないのである。

続いて、密集市街地についての政策対応と変遷をみる。マグニチュード7クラスの首都直下型地震の発生は、〝いつ起きてもおかしくない〟とされる。予知は不可能だが最悪の場合、政府は死者は約一万一〇〇〇人、全壊する建物は約八五万棟に達すると想定している。政府の中央防災会議は、最悪七〇〇万人と想定される避難者と約六五〇万人とされる帰宅困難者を減らす具体策も検討されている。同様に発生が切迫しているとされる東海地震と東南海・南海地震についても、被害を半減するための「地震防災戦略」を決定している。

政府の中央防災会議は、今後一〇年間に住宅や建物の耐震化率を九割まで引き上げるなどして、想定死者数の半減や経済被害額（約一一二兆円）を四割減少させることを目標に掲げている。中央防災会議の対策と数値目標を示すと、次のようになる。

○住宅・建築物の耐震化率（推計値）　現状の七五％→九〇％
○密集木造住宅　密集市街地事業による整備
○家具の固定・急傾斜地　家具固定率→六〇％・急傾斜地整備

最近の都市直下型地震は、一九四八年六月に福井地震（M７・１／死者三七六九人）、一九九七年一月に阪神・淡路大震災（M７・３／死者六四三六人）が発生したが、いずれも地震による住宅の倒壊および同時に発生した火災による被害が甚大であった。阪神・淡路大震災をみると、多発延焼火災によって約六五ヘクタールに及ぶ市街地が焼失し、都市の防災対策の重要さを示している。断水によって消防がほとんど不能のまま、道路や公園、耐火建築物による焼け止まりがみられている。これらのことから、市街地に道路や耐火建築物等によって延焼遮断帯を設けることの有効性が認識された。特に、老朽住宅密集地、軟弱地盤地域での対応の必要性が確認されている。

ところで、被災の復興には即時に国家的事業としての取り組みが考えられるが、予防的な都市防災事業についての進捗に不安がある。例えば、東京都における「防災都市づくり推進計画」（〇三年度〜一五年度）では、木造住宅密集地域が連なる区部および周辺七市での延焼遮断帯の整備と避難場所の確保を挙げている。避難場所に結節する計画道路を骨格防災軸とし、火災の延焼を防ぐというものである。したがって、対策は街路事業・公園事業を中心としたものになっている。

しかし、これらの整備計画のうち公共事業に係るものは行政によって進捗がみられるが、住民側の経済的負担となる建物の不燃化および密集地対策は、ほとんど手がつけられていないのが実情である。住宅や建物の耐震化助成も行われているが、その活用は極めて僅かである。防災措置も、公共が負担する部分と住民自らが負担する部分がある。「自分の住宅は自分で守る」ことを認識しない限り、防災対策が宙に浮くことになる。密集市街地の住宅政策としての厳しい現実と選択が、ここにも存在する。

第2章　提言と答申の内容と疑問点

1　経団連等の提言と審議会答申

住宅政策の制度的な転換を求める提言は、数次にわたり経団連や住宅生産団体（住団連）から公表され、さらには政党からも国会での代表質問として質疑されている。これらの提言と審議会の答申にみられる現状認識をはじめ理念や対応策について吟味・比較することは、この制度の理解を容易にするものと思われる。このような意味合いから、以下に提言と答申の内容の対比を試みる。

提言と答申

二〇〇三年六月に、経団連から「『住みやすさ』で世界に誇れる国づくり」というタイトルでの提言があった。提言では、わが国の住宅事情を次のように認識している。

○右肩上がりの経済が終焉し、かつての土地神話が崩壊したことで、国民の価値観に変化がみられること。不動産を「資産」から「利用」するものへと価値観が転換して、求められる住宅の多様化が進んでいる。

○本格的な少子高齢化社会の到来を受けて、住宅数の大幅な増加が見込めない社会になること。さらには住宅のバリアフリー化や広さのミスマッチの対応が迫られる。
○温暖化防止・廃棄物削減の環境制約を受けて、住宅の長寿化や流動化などの対策が必要になること。
○大地震発生に備えて、住宅の安全性・防災性・耐震性を確保することや街づくりによるコミュニティーの形成を図ること。
○住宅金融公庫や都市基盤公団の改革等を踏まえた行財政改革への対応として、公営・公団住宅の新規着工見送り、都市再生に取り組むこと。

そして良質な住宅・住環境の整備は、明日への創造と活力の源泉であり、家族やコミュニティーの形成等を通じて社会の安定化に寄与する経済・社会の発展の基礎であるとしている。このために、住宅ストックの流動化および経済を活性化する住宅政策をとることを求めている。

政策提案
①住宅は個々の自助努力で市場から調達することが基本だが、住宅は社会性の高い資本ストックであるので、国家戦略として住宅政策を推進する。
②住宅はすでに量的には充足しているので、住宅・住環境の質の向上に向けた政策を重視する。
③住宅建設計画法の見直しを契機に、「住宅・街づくり基本法」を制定する。

政策目標
①活力とゆとりが生まれる住宅ストックの形成

・「狭い住宅」から「ゆとりのある住宅」へ
・「不安が潜む住宅」から「安全でやさしい住宅」へ
・「寿命の短い住宅」から「多世代にわたって大事に住まう住宅」へ
②ライフステージに応じた「循環型住宅市場」の構築
・「住まいにあわせた暮らし」から「暮らしにあわせた住まい」へ
・「住み続ける住宅」から「住み替え・住み継ぐ住宅」へ
③安全・安心・快適・元気溢れる美しい街づくり
・「危険と隣り合わせの街」から「安全な街」へ
・「寝に帰るだけの街」から「ふれあいと元気溢れる街」へ
・「雑然とした街」から「美しい街」へ

続いて〇五年六月には以上の考えを踏襲して、法制度の制定を求めた「住宅・街づくり基本法の制定に向けて」の提言があった。それは、前記の提言を展開させ、さらに具体化したものである。

現状認識では現在の住宅・住環境のストックの質は国民の要求水準を満たさず、「住」に求められる視点として、住宅と住環境、大震災や犯罪、少子高齢化への対応などがあるとしたうえで、今後の住宅政策のあり方として、次の提案をしている。

①個人資産である住宅を、社会的資産として位置づける。
②住宅を量的な充足から、質的な向上に向かわせる。

③住宅フローの重視から、住宅ストックの重視にする。
④単体の住宅のみを考えず、集団としての住宅・街づくりを行う。

［図表15］住宅施策と成果指標

具体的施策	アウトカム指標
良質な住宅の供給 ・住宅性能表示制度の普及 ・住宅投資減税等による高品質の住宅建設・取得促進策 ・コスト低減に繋がる規制緩和など	**住宅の質** ・耐震性、防災性、安全性、防犯性 ・耐久性、省エネ性、環境配慮度、バリアフリー化 ・誘導居住水準、最低居住水準と達成率・未満率など
既存ストックの改造と流動化 ・税制・財政によるリフォーム促進への支援 ・既存住宅の性能表示制度の整備、既存住宅の質が市場価格に反映される仕組みづくりなど	**市場の整備** ・住宅の質を客観的に評価する仕組み整備の進捗度 ・既存住宅の流通量、情報開示度 ・リフォーム市場の活性化、賃貸市場の充実など
街づくり ・創意工夫による魅力的な街づくりができる環境整備 ・木造密集市街地の解消など	**住環境・街づくり** ・住環境の良好度 ・居住サービスの充実度 ・安全性、防災性、緑地化、静かさ、快適さ、美しさなど
住宅セーフティーネット、公営住宅 ・生活困窮者、災害の被災者など住宅弱者への対応	

そして、基本的には「住宅・街づくり基本法」の制定が必要であるとしている。国および地方公共団体の基本計画の策定と支援措置、事業者および国民の責務を盛り込んだ内容となっており、住宅政策の進捗を評価する仕組みの導入も特記している。

基本計画に盛り込むべき具体的施策とアウトカム（成果）の指標には、図表15のような事項を列挙している。

〇五年六月に、（社）住宅生産団体連合会（住宅建設に携わる一〇団体の連合体）から「住宅基本法の制定に向けて」の提言が公表されている。住宅を〝二〇世紀の負の遺産〟と位置づけて、その要因や課題を分析しているが、これからは新たな価値観探しと国民の応分の負担を求める時代の到来であると告げている。〝国民の住生活価値を最大化すること〟に向けて国民・事業者・行政が一体となって実現を目指すことが新たな住宅政策の理念・目標であるとしている。

基本的な考え方・指針

○ライフスタイルに応じて、生活の豊かさを実感できること。

○地域の風土のみならず、歴史・文化にも配慮すること。

○国民・事業者・行政が共同して進めること。

これらの包括的提言には、二〇二五年に実現を目指すグランドデザインも含まれる。その構築には、住宅の資産性や社会性に着目した「住宅・住環境・街づくり」をベースに、ステップを踏んで実現しようとするが、国民・事業者・国および自治体の全員参加を求めている。

一方、〇四年十月衆議院での首相所信表明演説に対する公明党幹事長代行（当時）の代表質問に、住宅基本法制定についての質疑があった。質問では、「少子高齢化、国民の住宅ニーズの多様化や家族形態の変化、地方分権の進展など住宅をめぐる環境は大きく変わってきている。住宅が社会安定の基盤であるとの思いを深くしている。住宅のセーフティーネット機能向上などについての公的責任とは何かなどについて、その理念・哲学を含め『住宅基本法』として、国の基本姿勢を明らかにすべきであると考える。住宅基本法の制定は、わが党の一〇年来の主張であるが、総理の見解を伺う」としている。

これに対して首相は、「公団住宅に続き、公庫融資などの主要な政策手段を改革するなど、住宅政策全般の見直しが必要である。基本法制定は住宅政策全般の見直しのなかで、基本法制のあり方として検討すべき課題である。新たな住宅政策の理念や目標、国の役割などについて国民の間の十分な合意が醸成されるよう幅広い検討をする」と答弁している。これにより、「住宅基本法」の制定に向けての国会審議が約束されたことになる。

この国会審議に先立つ〇四年九月、国土交通大臣から社会資本整備審議会に対し「新たな住宅政策に対応した制度的枠組みはいかにあるべきか」についての諮問がなされている。付託された審議会の住宅宅地分科会は、基本制度部会を設置して、当面緊急に措置すべき次の二つの課題について集中審議を行い、同年十二月には中間報告をまとめている。

①住宅金融公庫に代わる独立行政法人の設置に伴う市場重視型の新たな住宅金融システムのあり方
②公営住宅をはじめとする公的賃貸住宅ストックの有効活用等による住宅セーフティーネットの機能向上

基本制度部会では、「第八期住宅建設五か年計画」が平成十七年度末に終了することを見据え、住宅政策の基本的な制度的枠組みのあり方の検討を進めた。部会審議やパブリックコメントの実施を経て、〇五年九月に国土交通大臣に答申している。これを踏まえて政府は、住宅政策に関する基本法制をはじめとする新たな制度的枠組みの構築に取り組むことになった。

審議会の「答申」では、これまでの住宅政策を支えてきた制度的枠組みを評価しながらも、住宅に関する変化要因に対応した次のような見直しの必要性を提起している。

①戦後の絶対的な住宅不足が、住宅金融公庫・公営住宅・住宅公団といった三本柱の政策手法と住宅建設計画法の枠組みにおいて計画的に供給され、解消したこと。

②人口・世帯減少社会の到来と、拡大が見込めない住宅需要にあること。また特殊法人改革が行われていること。

③住宅の安全・安心や環境問題、少子高齢化への対応、住宅困窮者への公平かつ柔軟な住宅セーフティーネットの確保、住まいに関する選択肢の充実、さらには「選択と集中」による住宅市街地整備などの住生活をめぐる諸課題に対応すること。

制度的枠組みでは、住宅政策の基本理念や各主体の役割を明確にした基本法制とこれに基づく新たな計画体系の構築について、以下の提言をしている。理念として、住宅を次のように位置づけている。

①住宅は社会全体に活力と安定をもたらすもので、個人や家族にとっての生活の基盤であり、地域のコミュニティー活動を支える拠点である。

②住宅は社会的性格を有し、豊かな地域社会を形成する上での重要な要素であって、安全・福祉・文化等の地域の生活環境に大きな影響を与えるものである。

また、目指すべき住生活の姿として、次のことを掲げている。

①良質な性能、住環境および居住サービスを備えた住宅ストックの形成
②多様な居住ニーズの適時適切な実現
③住宅の資産価値の評価・活用
④住宅困窮者の安定した居住の確保

さらに、各実施主体の役割の明確化について、国・地方公共団体・事業者および国民それぞれに対し、次の方向を示している。


国……………税制、金融等の制度インフラの整備など全国的・広域的見地からの住宅政策を推進する。

地方公共団体……総合的な行政主体として、地域の実情に応じた住宅政策を推進する。

事業者…………良質な住宅サービスの提供、コスト軽減等を通じた健全な市場形成の担い手となる。

国民……………住生活の向上・安定に努め、良好な住環境形成の主要な担い手となる。


これまでの提言や答申の大まかな内容を対比すると、図表16のようになる。ここには、これから検討されるべき住宅政策の方向が示され、とるべき政策の全体像が浮き彫りにされている。

［図表16］提言と答申内容の比較

	経団連（Ⅰ）提言（03・6・17）	経団連（Ⅱ）提言（05・6・21）	住団連提言（05・6・1）	社会資本整備審議会答申（05・9・26）
現状認識	住宅の多様化 広さのミスマッチ	住は豊かでない 「住環境」の創造	負の住宅遺産 虚像の資産価値	住宅不足の解消 住宅需要の減少
住宅理念	住宅の長寿化	社会的資産化	住生活の価値	豊かな住生活
対応策	ストックの形成 循環型市場の構築	「住宅・街づくり基本法」の制定	資産性・社会性のある街づくり	基本法制と計画体制の構築

短絡的で直截な解釈だが、これからは以下のことが読み取れる。住宅の量的な充足を認めながらも、過去及び現在とも住宅について負の評価をした。国民の価値観が変化して住宅の多様化が求められ、現状にそぐわない状態がみられるようになった。今までも、住宅需要の低減が見込まれるなかでの住宅の「質の向上」や「住環境」を取り込む資産価値の創造が見落とされてきた。

そこで住宅を個人資産でなく社会的資産の枠組みに入れることとした。このカテゴリーから生まれてくるものが住宅の資産化・長寿化であって、豊かな住生活を形成することにより価値づけが行われる。

市場化の功罪

政府系金融機関の一本化や公務員数の純減などの五本柱からなる「行革推進法」と公益法人の認定基準を見直す「公益法人制度改革法」が、〇六年に制定された。いわゆる行革の総仕上げとされた行政改革推進関連法である。この二つの法律は、「公共サービス改革法（市場化テスト法）」とともに「行革三法」といわれる。

ここでは、これらの法律について述べるのではなく、この法律の背景となっている「市場原理」や「市場主義」などについて考えたいと思っている。「小さな政府」の論議は、「官の非効率」を排して、「民による効率性」を取り戻すということである。ここでなぜ、市場原理や市場主義を持ち出すのかと思われるかもしれないが、住宅政策も「官から民へ」の時流に乗っていると思うからである。そのことを考えたい。

前項でみたように経団連などの提言では、住宅建設計画法の見直しを契機に、住宅に関する基本法を制定すべきだとの主張があった。結果として社会資本整備審議会は、その対応策として基本法制および計画体制を構築するよう答申した。そして基本法とされる「住生活基本法」には、住宅の理念をはじめ施策や計画が盛り込まれたが、国や地方公共団体は包括的に住宅政策の責任を持つが、住宅の供給を事業者（民間）に任せるということである。

ここで考えていただきたいのは、住宅余りと住宅需要の減少の現実を踏まえて、政策がどのように変化したかである。先にも触れているが「量から質へ」、さらには「ストック重視へ」の転換によって、住宅供給を事業者が行うことになる「官から民へ」と変質していることである。この中では、民間事業者を主体とした効率的な住宅供給が行われ、資産価値を持続できる豊かな住環境を描いているが、果たしてどうだろうか。この場合は、現在の住宅事情下におけるものとされるから福祉や社会保障としてではなく、経済活動としての住宅供給ということになる。

制定された「市場化テスト法」は、行政の現行業務を民間企業などに解放し、サービスの質の向上やコストの低減を競うものである。いろいろな価値を計るのにカネを物差しとするのが市場主義だが、近年は市場原理ということがよくいわれるようになった。市場原理とはすべての対象とされるものを市場化することを意味する。このところ「小さな政府」についての多くの論評がなされているが、その中で、提言や答申を解明する上で参考になると思われる指摘を次に二、三紹介する。

小さな政府論には「民」の活動が強くグローバル化したのに対して、「官」の力がかつてないほど重みがなくなった結果、「官から民へ」の追い風になっているという背景がある。また、これらを「民」万能論や「民」性善説と混同されると、本来必要なルールの問題が見失われる。「民」が競争する市場には、ルールがなければならない。「民」に大きな自由を認める社会は、その分法律や規則を細かく整備することをセットで考えるべきだ。

その上で、「官と民」という二項対立ではなく、「公と私」という概念を入れて考える方がいい。「官」が公的な役割を独占した時代は終わり、「民」も「公」の一部を担う社会に移っているから、「公」を官と公の区分けを超えた上位の概念とした、より上位の概念で物事をとらえればいい。

八〇年代から九〇年代にかけて純粋な市場主義がユートピア（理想郷）になった。自由競争の市場主義を作れば、国が豊かになり、貧しい人も滴（恩恵）がしたたり落ちるという仮説があった。しかし、間違っていた。結局は富める者をますます富ませ、貧しい者を貧しくした。

日本は工業化社会を経て、今は「ポスト工業化社会」への踊り場にいる。国家間、個人間の経済的格差が急激に拡大し、リスクと不確実性が増大する。自由競争の結果が一人勝ちに終わる。単に所得格差だけが格差ではない。平等な社会とは、「排除される者のない社会」である。

市場経済を「自由、透明、公正」な仕組みに作り替える市場主義改革は必要だ。しかし同時に、排除される者がいない平等な福祉社会を作る改革を推進しなければならない。市場経済のルールを順守しているかを監視するのも、行政の重要な役割だ。ルール違反をした者を厳罰にしないと、健全な市場社会は成立しない。

「民」に委ねるにしても、セーフティーネット（安全網）を構築するのが「官」の役割ではないか。適切な事後チェックは、「小さな政府」という哲学だけでは貫徹できない。「民」のかかわり方では、大都市と地方の違いもある。大都市ではマーケットとして成立する事業が、地方では企業的に成り立たず、コミュニティーが補完する場合もある。

地方の「官から民へ」の流れは、補完性の原則に沿ったものだ。個人ができることをやる、どうしてもできないことは市町村や県がやるというものだ。その一方で、「官」側の非効率や財政の逼迫という事情もある。民営化は、あくまでも一つの手段である。

以上が「小さな政府」についての論評だが、住宅政策も「官から民へ」の流れになって、「民」への傾注が強すぎるのではないかという懸念を持っている。事業者（民間）が利益を追い、「公」が希薄になるのではないかと恐れている。

市場化の功罪について考えたが、答申では新たな制度的枠組みの下での政策展開として、施策横断的な六つの視点を据えている。

一つ目は「市場重視の政策展開と消費者政策の確立」で、二つ目が「ストック重視の政策展開」である。さらに「福祉・街づくり等との連携強化」、「地域の実情を踏まえたきめ細かな政策展開」と続き、五つ目に「住宅関連産業の健全な発展」があり、最後に「統計調査の充実」となっている。なお、市場重視の分野での重点的な取り組みとして、中古住宅流通・住宅リフォーム市場、賃貸住宅市場およびマンション市場の充実と整備を挙げている。

以下は、これらについての審議会での説明と質疑・意見の要約である（第九回住宅宅地分科会・基本制度部会議事録〇五・九・十二）。

重点施策分野の住宅市場について、中古・リフォーム市場、賃貸住宅市場、マンション市場の三つの市場を取り上げている。まず税制について触れているが、住宅に係る税制全体について検証を行い、充実・見直しを行うことを検討すべきという方向性を示している。

「中古住宅流通・住宅リフォーム市場」については、「良い物を作ってきちんと手入れし、長く大切に使う」、そういった市場を形成することを基本とし、持ち家という個人の資産を有効に活用する。なお「中古住宅」という呼称は、「既存住宅」などの別の呼称とすることも検討する。「賃貸住宅市場」については、住み替えの自由度が高い賃貸住宅の役割が一層重要になるとして、透明性の高い健全な賃貸住宅市場を図る。持ち家の賃貸化を促進する上で、定期借家制度の普及やサブリース契約を利用できる仕組みを考える。「マンション市場」については、将来的にマンションのスラム化が生じないよう、適切な管理、修繕や建て替え・撤去が行われるようにする。

現在、（不動産の）保有税は良い物を作るとより高くなる仕組みになっている。今後ストックを重視するというならば、良い物を作った方が税金が安くなるといった考えがあると思う。方向性を見直すことがあってもいい。

逆に、老朽住宅の放置は外部不経済があるので、税を高くするような考えもあり得るのではないか。

住宅政策は大きく分けると社会政策の面と経済政策の面がある。社会政策としては、住宅困窮者に対して住宅供給を行ってきた。実際に困窮している人に住宅を供給するのは国家の任務だが、入居者に問題がでていることがある。真に困っている人、ニーズの高い人に入っていただくということが必要だ。

経済対策としての住宅政策は答申に重点的に書かれているが、マーケットをどうやって作るかというのが課題になる。金融とか税制だけでなくて、基本的なコンセプトとか市場ルールをどうやって作るかが大切と思う。

2 提言と答申との開き

これまでみたように、数次の経団連・住宅生産団体からの提言や審議を経て、社会資本整備審議会の答申となったが、これらの提言と答申の内容には微妙な開きがあると考えている。諮問機関である審議会が、民間団体からの提言を受け入れたり、あるいは独自の見解や視点から建議することは当然のことだが、審議会でのやり取りを通じて問題点も浮かんでくる。

これらを分析すると、答申作業の段階で整理された事柄が明らかになるとともに、新たな住宅政策の根幹がみえてくるようにも思われる。ここでは、諮問に具体的に例示された項目について、公共性や市場化といった角度から考えてみる。

公共性への疑問

〇四年九月に、国土交通大臣が社会資本整備審議会にした「新たな住宅政策に対応した制度的枠組みはいかにあるべきか」の諮問理由は、以下のとおりである。

（理由）

これまでの住宅政策の制度的枠組みは、公営住宅制度、住宅公団、住宅金融公庫による住宅と住宅資金の公的直接供給を基本とし、八次の住宅五か年計画の下、住宅不足の解消や居住水準向上の成果を上げてきた。

しかし、このような供給支援型の枠組みは、少子高齢化、価値観や家族形態の多様化、地方分権や財政制約などの社会経済情勢の変化の中で、ニーズと住宅のミスマッチへの対応、住宅の質や住環境の改善といった課題に対応しきれなくなった。

このような中で、〇三年九月に（住宅審議会）住宅宅地分科会がまとめた「新たな住宅政策のあり方について（建議）」では、市場活用とストックの有効活用を基本とした住宅政策の転換が求められた。これを受けて、これまでの公的直接供給の枠組みを見直すことが必要になった。

具体的には、民間の賃貸住宅供給を支援する都市再生機構の設立に引き続き、市場重視型の新たな住宅金融システムへの移行や地域が主体となった公的賃貸住宅ストックの活用等のセーフティーネットの機能向上の枠組みを構築する必要がある。また、第八期住宅五か年計画が〇六年度末に終了するので、住宅および住宅資金の公的直接供給の基本とする政策手法の見直しや建議で示された方向を踏まえて、新たな住宅政策の方向を示す制度的枠組みを検討する必要がある。

「ストック」としての住宅や住環境が貧しいという問題は、資産として恒久的に使う住宅をつくろうとすることがないからだとの指摘がある。街づくりでも、建物の資産価値の蓄積には係らず、スクラップ・アンド・ビルドに終始している。一方で、住宅の供給については、住宅の質や価値を隠して高い価額で売ることへの批判もある。したがって、住宅が将来にわたって価値を持ち需給が保たれるには、それぞれの立場での対応が必要ということになる。

提言には、「ストックの形成」とともに「循環型市場」の構築というものがある。循環型とはどのようなことか、そして、市場に何を求めるのかということである。

まず循環型だが、どうも分かりづらい。循環というと景気変動の局面を思い出すが、これを指しているものではない。「循環型社会（recycling oriented society）」という言葉がある。〝限られた資源を再利用しながら有効に活用し、環境への負荷をできる限り減らした社会〟と説明される。これには、廃棄物発生の抑制、製品の再使用および再利用を図る基本法制があって、家電リサイクル法などの個別法も制定されている。これらのことから、提言にいう循環型市場とは、ライフステージ、すなわち暮らしに合わせた住まいを供給するため、中古も賃貸を含めた住宅の流通市場をつくることと読み取れる。要は、良質な住宅ストック市場をつくれということになる。

次に、市場に何を求めるかである。住宅市場には、供給および取引、金融、仲介および管理その他、生産・購入から管理・除却にかかわる多くのものがあるが、これらに、「市場原理」を取り入れるとしている。

この頃では日常用語ともなっている「市場原理」とは、どのようなことを指すのだろうか。市場における価格や金利が重要な役割を果たして、需要と供給が市場メカニズムによって調整されるという理論である。市場が競争的であっても、効率的な資源配分が行われないと「市場の失敗」であるとされる。したがって、政府には規制などを通じて市場の失敗を是正する役割がある。ただし規制が過度になると、かえって資源配分を非効率にする。市場の運営には「市場主義」と「市場原理主義」とがあり、これらは分けて考えるべきであるとされる。市場には、価値を計るカネによる価格によって運営され、個々人が功利的に動くことで機能する仕組みが市場主義である。この仕組みに対して、〝すべてを市場化する〟とするのが市場原理主義である。カネで買えるものは、すべて市場に任せるという行動規範である。「小さな政府論」が誘導する方向であるが、公益施設や郵便事業などは運営できるにしても、すべてを市場化するわけにはいかない。社会的な公共インフラのかなりの部分が公共財であり、それらは市場ではなく国や地方公共団体の運営に求めなければならない。先にも触れているように、市場経済のルールが順守される「官から民へ」の移行はいいが、住宅に市場原理主義を取り入れることには疑問がある。

冒頭に述べた社会資本審議会への具体的な諮問項目に、①市場重視型の新たな住宅金融システム、②住宅セーフティーネットの機能向上、さらに③新たな住宅政策の制度的枠組み、の三つがある。ここでは、社会資本審議会の部会での審議からその問題点を拾ってみる。

《住宅金融システム》

わが国の住宅ローンの貸付残高はＧＤＰ（国内総生産）の約五％、二五兆円規模で推移している。住宅金融公庫（現住宅金融支援機構）の一九六六年度（昭和四十一年度）当時の新規融資は五一％と大きなシェアを持っていたが、その後の新築住宅着工数の減少によって、近年では公庫融資業務の縮減、民間ローンの増加にともない新規融資のシェアは九％台と急激に減少している。公庫は〇六年度に廃止され、特定の融資（被災住宅・再開発などへの融資）を除いた住宅ローン債権の証券化支援業務を行う独立行政法人となっている。公庫は長期・固定・低金利の住宅ローンを提供してきたが、今後は民間金融機関に受け継がれることになった。

民間ローンが中心になることによる課題もある。公庫は公的資金を原資として融資をしてきたが、民間銀行では市中の預金を原資とすることになる。短期資金を使って長期の融資を行うことになるので、金利変動リスク（逆ざや）の管理も難しい。さらに融資需要に耐える資源確保や融資情報の提供など、民間ローン当事者には住宅事業者としての役割が求められることになる。

以下は、審議会（部会）における証券化についての委員の発言（要約）だが、住宅金融の実体に触れていて興味深い（第一回基本制度部会議事録〇四・十・十五）。

公庫融資の証券化についてだが、民間が住宅ローンの営業の取り組みを進めているのに公庫がこれを圧迫する形で今後業務を続けていくということは、許されないことかと思う。公庫が民業補完という立場で業務を続けていくためには、これまでのような直接融資ではなく、民間がやれない機能だけを受け持つということが重要である。

その観点で公庫が果たせる役割は、既に始めている証券化の支援であるが、現在行われているような保有する住宅ローンを担保にしてトリプルAの格付けを取るということは市場は求めていない。また、五〇兆円程度の直貸し残高が新しい公庫に引き継がれるわけだが、財政投融資でファンディングをしていくということは新しい公庫に大きな金利リスクを残すことになる。さらに、五〇兆円という証券化可能な資産があるにもかかわらず財政投融資で公庫に保有させるということは、もったいない。

今後、証券化支援が適切にいくためには、急速にモーゲージバンク証券（ＭＢＳ mortgage backed securities モーゲージ担保証券：米国の代表的な資産担保証券で、住宅ローンの流動化をねらって発行される。日本では証券化が業務の中心となる新組織に衣替えする住宅金融公庫が〇五年度から五五兆円規模で着手）の市場規模を拡張する必要がある。既存の直貸しをパススルー債して、市場に財政投融資等から放出していくという形でマーケットを拡大してほしい。証券業界は、これに対する利ざやを稼げることになる。

証券化に当たって公庫が信用リスクを取ることになっている。これは直貸しを証券化したに過ぎないし、証券化の支援とはあくまで民間金融機関が取れない金利リスクを公的にフォローする制度であるから、公庫が信用リスクまで取って金儲けをする必要はない。融資保険制度と証券化の支援制度を明確にするべきだ。

さらに、金を貸して抵当権を取る以外の貸し出し方法について、公庫がさまざまな実験的な金融スキームを提供していくという機能も重要だと思う。新しい公庫法をつくるときに考えてほしい。

また、公庫は非常に大きなリスクを抱え込まざるを得ないし、市場型の金融をやるということなので、外部からのプロフェッショナルを配慮すべきと思う。

証券化に向けて体制を強化することは賛成だが、直貸しを全部なくしてもいいかというのにはまだ論点がある。民間住宅ローンが中心で公的部門が証券化を支援するというのはアメリカ型だが、アメリカでの七〇年代以降に進展した環境とは異なった環境にある日本に取り込まれるのは問題がある。アメリカの場合は、民間金融機関が住宅ローンをインフレ、高金利で持てなくなったのを公的部門が買い取って証券化するという格好で進んできた。日本の場合は、デフレでかつ超金利という非常に異なった環境の中で政策転換が進められようとしている。この違いを意識しながら政策を考えなければいけない。

以上の点からの問題として、①公庫からの直貸しが急速に低下し、民間が急増した。このことによって、戸建て住宅の受注がかなり減った。政策として、年収八〇〇万円を超える者には重点的に配分しない、ということを検討する必要があるのではないか。②リバースモーゲージ（reverse mortgage 高齢者が所有する不動産を担保に年金方式で生活資金の融資を受け、最終的にその不動産を処分して返済する仕組みで、高齢者は担保となる持ち家に住み続けることができるのが特徴）の問題が取り上げられていない。これは一種のストックを活用した住宅政策で、ファミリー向けの賃貸住宅の提供の可能性を持っている。これに対応した公的融資を検討されればよいと思っている。

《住宅セーフティーネット》

公営住宅を中心とする公的賃貸住宅は、わが国の全住宅戸数のおおむね七％の約三五〇万戸で推移している。公営住宅のニーズにも、変化がみられる。高齢者が急増しているので、バリアフリーについて、手すりや段差の解消、車椅子が利用できるなどの改良がある。そのほか公営住宅の多様化には、障害者・母子および父子世帯への対応、ホームレスや外国人問題、さらに公益施設の要望、地域の市街地活性化への貢献なども対象とされる。

このような住宅困窮者の増加や多様化に加えて、住宅環境・地域の衰退などの課題にどう対応していくのか、議論の視点を示すと、以下のことが考えられる。

○公営住宅のＰＦＩ活用による建て替え
○民間賃貸住宅の活用
○福祉施策との連携
○住宅ストックと居住者のミスマッチの解消

公営住宅というと負の側面が端的にあらわれ、「貧困」という社会的な概念でまとめられる。生活の質の低下に結びつく「居住の貧困」とされるからである。ホームレスのような絶対的貧困ではなく、独居居住や老朽住宅密集など相対的貧困も居住をめぐる貧困とされる。「社会住宅（Social Housing）」という概念がある。人

［図表 17］公的賃貸住宅のストック

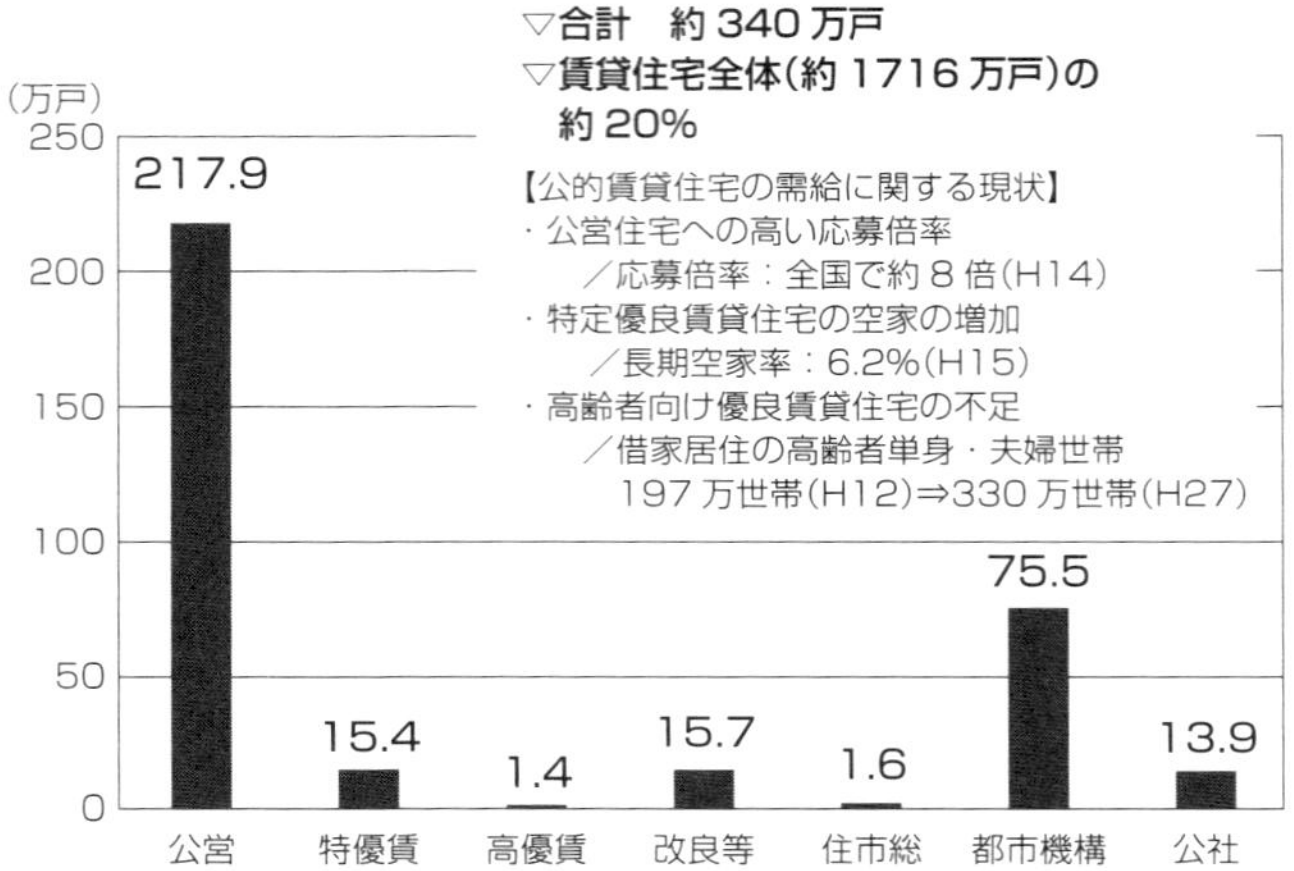

（注）調査時点は、公営：平成 14 年度末、特優賃：平成 15 年末、高優賃：平成 15 年末、改良等：平成 14 年末、住市総等：平成 14 年度末、都市機構：平成 16 年 3 月末、公社：平成 14 年度末。

出典：社会資本整備審議会資料

［図表 18］多様化する住宅困窮者への対応状況

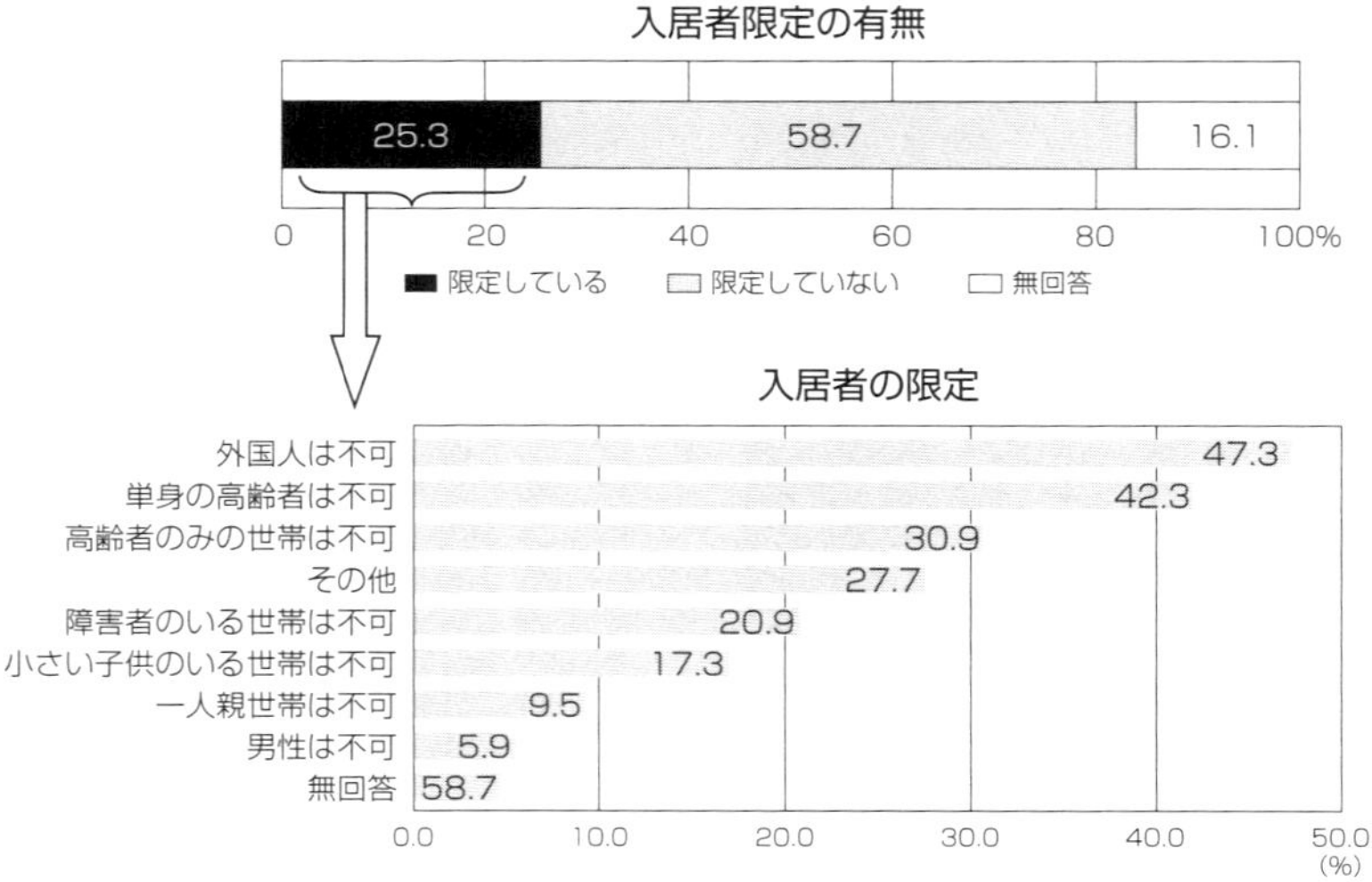

「賃貸住宅経営の実態把握アンケート」（平成 14 年 6 月）国土交通省

出典：社会資本整備審議会資料

が集まって住むところには、何らかの公共性があって、これらの「集住」が公営住宅であるとされる。私的な営みである居住に公共性を与えながらも、その多様性を許容している。

「集住」に対する考え方も変化している。木賃アパートから旧同潤会アパートまでは社会政策の意味合いが強かったが、旧公団住宅や公営住宅となると福祉と住宅が混合したものとなった。さらにマンションとなると、住宅政策の範疇で論じられる。


公共が住宅を直接供給するのではなく、供給主体が営利の民間に移ることで市場での差別を受けることがある。「住宅セーフティーネット」には、公共の後退によって弱くなった「社会住宅」を補完する意味合いがある。わが国での貧困層に対する施策は、公営住宅を除けば福祉が担当するようになった。その代表が生活保護で、住宅扶助が大きな部分を占めている。住宅扶助は住宅が公共であるか民間であるかを問わず、経済側面のみから行われてきた。しかし、家賃滞納や空き室の増加、ホームレスや施設入居者が増大する現実がある。

低家賃住宅が望まれる現状だが、公共の後退・民間への依存となる住宅の市場化は、さらに「居住の貧困」の問題を投げ掛けている。


現在、欧米でも「社会住宅」の後退が問題とされているが、政策の中心は家賃補助におかれている。戦後の公共住宅政策として、公営住宅は原則的に入居者所得の下限を設けず、居住困難者の受け皿とされ、セーフティーネットとしての位置づけもされてきた。しかし、財政負担や居住者の生活不安定などの理由で、政策が転換された。公共が住宅を直接供給するのではなく、家賃補助とした。

供給が民間に移ることでの副作用として「市場の選別」を受けるということもあるが、「アフォーダブル住宅（Affordable House）」（賃料支払いが可能な低家賃住宅）の重要性が再認識されている。アフォーダブル住宅は誰でも入居できる住宅であり、ソーシャルハウジングも重要な対応の一つだが、欧米での中心はこの民間の低家賃住宅となっている。

これまでのわが国の住宅政策は、所得階層ごとの対応策が取られてきた。大まかにみれば、富裕層は持ち家として、中間層は持ち家か賃貸住宅、そして低所得層は賃貸住宅が吸収してきた。ここで課題とするのは、住宅ストック総数約四六〇〇万戸（〇三年時点）のうち低所得層が居住する民間または公的住宅が約一六〇〇万戸と三割強を超えることである。この点を直視せずに、住宅充足という視点から住宅セーフティーネットを考えると過ちを犯すことになる。この場合、特に民間での住宅の質を看過することができない。

これらについて、審議会（部会）での意見（要約）をまとめると、以下のようになる（第一回基本制度部会議事録　〇四・一〇・一五）。

住宅困窮者が増えていることや公営住宅の役割も理解できるが、ほかの手段もあるはずだ。例えば、住宅困窮者に家賃を補助するとか、家主への保証をするとかの解決の仕方もあるのではないか。それに公営住宅の特徴は、全国津々浦々に住宅があるということだ。地域により非常に劣悪な住宅がある問題を視野に入れて議論しなければならないのではないか。

セーフティーネットを考えるとき、問題点がある。低所得者あるいは障害者の住宅が満足できればセーフティーネットか、ということ。子育てにしても、地域の問題、コミュニティーの問題を含めないと、本当の意味のセーフティーネットにならないのではないか。全国で公営住宅の倍率が八倍、多いところでは三〇倍という。公営住宅に住めた人はありがたいが、多くが公営住宅に入れない。不平等をつくるのではないか。これらをどう改革につなげていけばいいかということも議論したい。

公営住宅には幾つかの問題がある。まず、低所得者には金銭で補助してあげれば、あとは自分がやればいいという議論があるが、これにはさまざまな理由で住宅は特別にやった方がいいという議論が成り立つと思う。家賃補助の必要性がでてきた理由は、定期借家制度が導入されたことによる。従来は、借地借家法の正当事由条項のためにファミリー向けの借家がなかったわけだから選択の余地はなく、最初から官がつくらざるを得なかった。したがって、公営住宅には一〇〇％の理由があった。それが、定期借家ができたから変わったと思う。

すぐに変えられるとは思わないが、定期借家ができた以上、日本でも家賃補助を入れてもいいのではないか。低所得者に貸す人は、家賃の不払いになる可能性が外より高いわけで、リスクを背負うわけだから補助金によって保証する必要がある。それをやらないと、低所得者の大部分が市場から排除されてしまうことになる。

次に、高齢者の広い住宅を解決するには、公的賃貸住宅のパイロットプランが役立つと思う。複数の単身の人に貸すことができれば、具合がいい。ところが、定期借家の経験がないものだから制度的なフレームがない。公団の賃貸住宅でいろいろ実験できると思う。

（事務局の）問題意識としても、今の現実になかなか対応できるような状況にないというのは事実だが、一応の視野としては、必ずしも公営住宅だけの世界ではなく、民間住宅とか、あるいは持ち家の有効利用まで視野においた中で、セーフティーネットをどうやって確保していくかと考えている。定借の導入や家賃保証についても視野において議論させて頂いている。

市場の成立性

「答申」には新たな制度的枠組みの下での横断的な政策展開として、以下の六つの基本的な視点を挙げている。

①市場重視の政策展開と消費者政策の確立
②ストック重視の政策展開
③福祉、まちづくり等との連携
④地域の実情を踏まえた細かな政策展開
⑤住宅関連産業の健全な発展
⑥統計調査の充実

以上の視点から、「居住ニーズに対応するには市場が最も効果的であり、これらの住宅ストックを円滑に流通する市場を形成させるために、住宅関連産業の発展を推進させる。そして住宅市場の分野では、中古住宅の流通・住宅リフォーム市場、賃貸住宅市場及びマンション市場の整備に重点的に取り組む。」と答申している。

これらには、直接に、あるいは間接的に市場との関わりがみられる。市場については、前節の「市場化の功罪」でも触れているが、ここでは具体的に住宅市場を論じたい。

答申としては尋常の内容だが、既に建設省（当時）は、昭和六十一年（一九八六年）六月に『不動産中・長期ビジョン』を策定して、信頼性と豊かな創造性のある産業を目指す二十一世紀への不動産業（市場）の構築を提言している。

提言では、国民生活・国民経済との関わりにおける不動産業の特性や問題点を挙げ、経済社会の変化に対応できる不動産業としての目標および将来像を次のように描いている。

○信頼性と安全性の向上
○後世に残る良質なストックの形成保全と有効利用
○サービスの高度化と多様化

そして、信頼産業・都市環境創造産業・高付加価値型サービス産業および生活サービス総合提供産業を将来像として位置づけしている。さらに、多くの政策課題の中に、流通市場の整備、不動産コンサルティング業の育成を挙げている。

平成六年四月には、これの改定版としての『新不動産ビジョン』を発表している。これらには、土地の乱高下とそれに伴う社会経済上の問題、土地基本法の制定を受けての制度的な整備を踏まえた新たなビジョンを策定している。その課題は前回のビジョンのそれを踏襲しているが、そのうち次の「必要な施策」としての不動産流通の充実の項目に、特徴がみられる。

不動産流通の充実

①不動産流通市場の整備
・指定流通機構の機能の拡充
・共同仲介ルールの整備
・不動産の特性に応じた流通市場の整備
・取引事務の円滑・総合的な処理のための体制の整備

②不動産取引情報の把握・公開
・市場動向の把握体制の強化
・不動産情報の機動的な公開体制の整備
・市場分析力の強化

③流通と管理の連携の強化
・物件の状態を記録するシステム（住宅カルテ）の確立
・分譲等におけるマンション管理計画の明示などの制度化
・管理状況を含めた賃貸住宅流通の確立

④不動産流通サービスの高度化
・総合的・体系的な教育研修の実施
・サービス向上のための仕組みの整備

・サービスを基本とする業務体制の確立

これらの事項は、続いて平成九年（一九九七年）六月に策定された『不動産リノベーションビジョン』へと連携されることになる。この内容は、右肩上がりの地価の終焉、インターネットやマルチメディアに代表される情報化社会、社会経済構造の変化に伴う不動産需要の変態に対する今後の不動産業の展開や当面の対応が示されている。

その背景として認識されるものは、地価の上昇に依存しない経営体質や情報産業としての不動産業、国民生活の変化を取り入れた事業展開などがある。さらに、社会経済構造の変化に伴う不動産需要の変態として、良質な住宅、所有から利用の重視、情報化、不動産投資市場の形成等が挙げられている。

このような、これからの市場の展開方向を見定めたうえで、当面の対応策として次のことを取り上げている。

①土地の有効利用化

・利用型商品の供給、環境との調和、性能・環境評価、収益関連情報の提供、税制の検討

②顧客本位の商品・サービスの提供

・ニーズに対応する商品、スケルトン貸しやリバース・モーゲージの検討

③地価変動に強い経営

・リスク・マネジメント指向、規制のルール化・透明化、公と民の連携、定期借地権などの活用

④ソフト重視型産業への展開
・不動産マネジメント業、不動産投資顧問業、まちづくりコーディネーターの育成
⑤情報化への対応方向
・情報化による経営環境の変化、取引の安全性の確保、指定流通機構との関係
⑥不動産投資市場の育成・流通サービスの高度化・賃貸住宅市場の近代化・住宅ストックと管理

以上のことが、不動産業あるいは不動産市場の立場から検討され、実施されてきた。不動産市場といっても、大手から中小、さらには街の不動産屋といわれる零細な企業までも含まれており、一括できるものではない。業界での複雑な取引や市場が形成されており、企業規模に応じた階層的な営業業態を形作っていることはご存知のとおりである。しかし住宅投資の動向は、経済を語るうえでは欠かせない要素である。国内総生産（GDP）に占める割合は約四％に過ぎないが、変動が大きく経済成長にも大きな影響を与えている。建築着工統計をみても、かつては年間一四〇万戸あったものが九八年以降は年間一二〇万戸台（〇八年には経済恐慌のあおりで一〇四万戸）となっている。

このような減少傾向は今回の経済不況も要因だが、一過的な住宅不況と考えることもできる。〇五年時点で、総戸数が世帯総数の一割以上も上回っていることも事実だが、それをもって住宅需給が弱まるとはいえない。今回の不況から脱却するには内需喚起が必要になる。わが国の住宅環境は改善の余地が大きく、住宅投資に期待が集まる。

市場の成立性についてみたが、提言や答申には事実認識のうえでの実現可能な視野で施策を取り込んでい

る。中には付随的なものや実現にほど遠いものも含まれるが、市場を制度改革の核心においたことの意味合いと効果を期待しなければならない。現在の経済不況の底打ちを待って、需給関係が好転する余地が十分にあり、新しく構築された市場の活発化が予想される。

ともかく、住宅投資は短期的な変動が激しく、市場もまた流動的である。市中金利や税制、住宅ローンなど社会経済の指標に敏感に反応する。今後暫くの間は低迷が続くと思われるが、経済成長の牽引役としての住宅市場に変わることはない。

第3章　土地基本法と住生活基本法の違い

1　土地基本法と住生活基本法

この章では、「住生活基本法」と同様な位置づけと法制度を持つ「土地基本法」との関連において、その立法趣旨や法律の組み立てなどの相違について考えてみたい。土地と住宅では、それらの属性や観念、価値あるいは社会に及ぼす影響などから、必ずしも共通した規範が持てないことが窺える。

ここでは、土地および住宅に関する理念や施策の違いについて考え、それぞれの基本法の組み立てと方向を探ってみる。

土地と住宅の基本理念

土地についての理念を法文化したものに、土地基本法がある。土地基本法（平成元年法律第八四号）は、一九八〇年代当時の地価高騰による住宅取得の困難や社会資本の整備に係る支障の解消を目的とした法律で、性格的には、土地に関する資産格差による社会的不公平に対処するための土地法全般に関する上位法とされている。この基本法の施行にあたっては、国および地方公共団体が各般の施策を総合的に推進するとともに、国民各層にわたっての土地に対する共通の認識を確立することに主眼が置かれている。

ところで、土地基本法は土地に関する法律の上位法とされる。施行通達（平成二・一一・二十二次官通達）では次のように示達している。「……また法は、一般の法と同様、憲法の下に位置するものであり、形式的には他の法律に優先するものではない。しかしながら、法は、土地に関する基本理念や施策の展開方向を定めているものであるから、土地に関する施策を定めた個々の法律を方向付けるものであり、この意味で、実質的には、これらの法律の上位法たる性格を有するものである」

さらに、「法は、……実体的事項を規定するものではなく、施策の基本方向等の抽象的事項を規定する、いわゆる宣言的性格を有するものである。したがって、法の目的である土地対策の総合的推進は個別具体の法律・制度の活用、改善等を通じて実現されるものである」とある。

したがって土地基本法は、国土計画・地方計画その他の土地関係法に係る基幹的な法律と理解される。

土地基本法も数次の改正があったが、現行では三章にわたる本条一九条と附則からなっている。法律の条文構成は次のとおりである。

第一章　総則（第一条～第一〇条）
第二章　土地に関する基本的施策（第一一条～第一八条）
第三章　国土審議会の調査審議等（第一九条）
附則

この土地基本法や後に述べる住生活基本法も、ほぼ同様な条文構成となっているが、バランスからは、土地基本法の方が総則部分が多い。それというのも、総則には基本理念および国等の責務が重点的に記載されているからにほかならない。

法は第二条から第五条まで、土地に対する基本理念に関する規定を設けている。これらの基本理念は国および地方公共団体にとっての政策の指針であり、国民および事業者の行動規範となるべきものとされている。

①土地についての公共優先（法第二条）

わが国では憲法第二九条第一項で、私有財産が保障されている。しかしながら土地は、国民の限られた資源であること、国民の諸活動にとって不可欠の基盤であること、その利用が他の土地の利用と密接に関係すること、その価値が社会的・経済的条件によって変動することなど、公共の利害に関係することになる。したがって土地については、公共の福祉が優先されるべきものである。土地の取得、利用、処分などについて、制限や負担が課されることになる。

この理念は、憲法第二九条第二項の公共の福祉による財産権の制限や民法第一条第一項の公共の福祉による私権の制限の趣旨を、土地に関してより明確化したものである（公共の福祉は、法第三条から第五条までの他の基本理念との関係では、上位の理念となる）。

②適正な利用および計画に従った利用（法第三条）

わが国では土地の利用について、利用するかしないかは原則として個々の所有者の自由にまかされている。しかし、上述の土地の特性を考えれば、土地が適正に利用されることが国民全体の利益につながることになる。例えば、利便性の高い土地の低利用での放置がないかや地域の諸条件に応じたふさわしい利用がされているかどうかが問われる。

適正かつ合理的な土地利用を実現するためには、規制と誘導を行う「土地の利用に関する計画」の策定と実現が重要となる。計画が策定されていれば、これに従った土地の利用がされるべきである。

③投機的取引の抑制（法第四条）

投機的取引の対象として土地を転売することや、将来の値上がり益を過大に見込んだ価格での土地の売買は、地価の上昇を引き起こすことが多い。さらに投機の対象とされた土地は差益を目的としているために、適正に利用されない可能性も高い。

土地は国民の諸活動の共通の基礎であるので、価格の高騰や遊休化は国民生活・国民経済に著しい弊害を及ぼすことになる。このため、土地は投機的取引の対象にされてはならない。

④価値の増加に伴う利益に応じた適切な負担（法第五条）

土地の価値の増大は、他の財と異なり、人口や産業の集中、道路や鉄道等の社会資本の整備、土地利用規制の変更による開発可能性の増大などの外部要因によりもたらされることが多い。このため、土地の所有者等が自らの努力によらないで莫大な利益を受けることに対する不公平感がある。また、このような土地の有利性のため、土地の所有に対する執着が強い。

したがって、これらにより利益を受ける者に対しては、資産としての土地の有利性を減額するために、利益に応じた負担を課されることを明確にした。

以上が、土地基本法における土地の基本理念の概要だが、次に住生活基本法のそれをみてみることにする。

住生活基本法（平成一八年法律第六一号）は本年六月八日に公布、直ちに施行されている。その法制化の経緯については第2章で述べているが、国民の豊かな住生活の実現を図るために、住生活の安定と向上の促進に関する施策についての基本理念、国等の責務、住生活基本計画その他の基本となる事項を定めている。

土地基本法と同じく、住宅を含む「住生活」についての諸法律の上位法であり、基幹的な法律となる。

住生活基本法の条文構成は四章にわたる本条二二条と附則からなっている。条文の構成は以下のとおりである。

第一章　総則（第一条〜第一〇条）
第二章　基本的施策（第一一条〜第一四条）
第三章　住生活基本計画（第一五条〜第二〇条）
第四章　雑則（第二一条〜第二二条）
附則

まず土地基本法との比較において、条文構成上の相違や施策に関する逐条的な解説を試みる。

①「住」生活との関係で「社会福祉の増進」が加えられている（法第一条）。
②住宅の構成対象が多岐にわたるので、定義が設けられている（法第二条）。
③「住」生活の基本理念が書かれている（法第三条〜第六条）。

④国及び地方公共団体は基本理念にのっとり施策を策定し、実施する責務を有する。国は、住宅の品質向上のための技術や住宅建設での木材使用の情報を提供する。住生活の安定等に国民の理解と協力を得るように し、事業者は基本理念にのっとった住宅の設計・建設・販売等において、安全性・品質等の確保に責務を有する（法第七条〜第八条）。
⑤国・地方公共団体・公営住宅の供給者・事業者及び居住者等は、基本理念にのっとり現在及び将来の住生活の安定の確保等のため、相互に連携及び協力に努める（法第九条）。
⑥政府は、住生活の安定の確保等に関する施策を実施するための法制・財政・金融上の措置を講じる（法第一〇条）。
⑦国及び地方公共団体は、良質な住宅、良好な居住環境、住宅購入者等の利益及び居住の安定の確保のための基本的施策を講じる（法第一一条〜第一四条）。
⑧政府は基本理念にのっとり、施策の基本的な計画として「全国計画」を定める。全国計画に係る政策の評価を行う（法第一五条〜法第一六条）。
⑨都道府県は全国計画に則した「都道府県計画」を定める（法第一七条）。
⑩国及び地方公共団体は基本計画に定められた目標の達成に努め、住宅金融公庫・都市再生機構等も同様とする。関係行政機関は全国計画の施策に協力し、資料の提出・意見の具申を行う（法第一八条〜第二〇条）。
さらに、国土交通大臣は施策の実施状況の概要を公表すること及び権限の委任に関することが規定された（法第二一条〜第二二条）。

この法律は、施行にあたり、住宅建設計画法の廃止、関係法の一部改正と経過措置が規定されている（附則

第一条～第一七条）。

以上が住生活基本法の概要であるが、条文の中に「基本理念」という用語が多く見られる。土地基本法でも同様な規定があるが、住宅に関する提言や答申にもたくさん見られる。ところで「理念」とはなにか。辞典を見ると、「ものの原型として考えられる、不変の完全な存在」としている（『岩波国語辞典』第三版）。何か哲学的な意味合いを感ずる内容である。ともかく、理念とはそういうものとして論を進めなければならない。提案や答申での住宅の理念については先に述べたが、住生活基本法ではどのように考えているかをみてみる。法第三条から第六条までにこれらの規定があるが、社会資本整備審議会の答申から住宅の理念を探ってみる。

答申では、まず住宅に関する基本法制およびこれに基づく新たな計画体制を整備する必要性を挙げている。さらに真に豊かさを実感できる住生活を実現するためには、目指すべき住生活に関する普遍的な考え方を住宅政策の基本理念として位置づけるべきであるとしている。

住宅の位置づけは、住宅は生活の基盤であり、また社会生活や地域のコミュニティー活動を支える拠点であるとする。それゆえ、個人のライフスタイルやライフステージにおいて社会全体に活力と安定をもたらすものである。また、住宅は都市や街並みの構成要素で、地域の生活環境に大きな影響を及ぼすものである。したがって、住宅政策は国づくりの普遍的テーマを実現するうえでの国家戦略として位置づける。

こうした住宅政策が目指す住生活の姿（住宅の理念）として、以下の四つのことが考えられる。

①住宅そのものの性能はもとより、良好な住環境で良質な居住サービスを受けられる住宅が豊富にあること。すなわち、良質な住宅ストックを形成すること。良質な住宅とは、「良質な性能」として耐震性・耐久性・防火性等や高齢者への配慮、広さなど住宅の基本性能に加え、社会的課題への対応がなされていることである。「良好な住環境」とは、災害に対する安全性・街並みなどの快適性を指す。さらに、「良質な居住サービス」とは、教育・医療・福祉などの生活サービスや交通サービスもこれに入る。これらの住宅の性能、住環境および居住サービスは、地域の違いに応じ「良質」が意味するところもさまざまと考えられるから、地域の実情に応じたものとする。

②良質な住宅ストックに加え、子育てや高齢者に対するものや個人の多様な価値観・ライフスタイルの最適条件を満たす住まいが、市場で容易に見つかるようにする。また、住宅の取引に適切な情報と助言が受けられるようにする。さらに、持ち家・借家を問わず、無理なく確保できるようにすることも重要である。

③国民が資産を不動産として保有するので、その資産によって国民が豊かさを享受することは重要である。ところが現状においては、住宅の資産価値の維持・向上の意識が希薄で、評価するための基準も共有されていない。良質な住宅の資産価値が適正に評価されて、住宅を資産として活用できる市場を形成する必要がある。

④住宅は自力で確保することが基本だが、経済的または社会的理由で自力では確保が困難な場合が少なくない。このような者に、公営住宅を柔軟かつ公平に提供するほか、その他の公的・民間賃貸住宅を活用した住

宅セーフティーネットの強化を図る。なお、いわゆる憲法二五条に基づく生存権の保障である居住に関わる権利は、基本法制としては定められていないが、居住の確保を住宅政策の基本理念と位置づける。

理念の違い

これまでみてきたように土地と住宅ではその理念が異なるので、政策にも相違が出ている。しかし、生活の基盤として一つの範疇で考えるべきである土地と建物（住宅）を分離して考えた場合に、矛盾や混乱が生じないだろうか。この項では、これらの理念を現状に当てはめたときに、どのような問題が派生するかを検証したい。土地の理念を形成する思想の根底として考えられるものに、土地についての歴史的な感覚、近代から現在に至る法制度および資産形成の中核とみなされていることなどが挙げられる。

まず、歴史的な感覚としては、農耕を生産手段とする中世の荘園、封建時代の領国経営から延々と続いてきた土地への執着、いわゆる「一所懸命」の感覚を現代まで持ち続けていることである。〝地所（土地）こそすべて〟、ということである。もちろん、構築物としての城郭や神社仏閣あるいは貨幣経済に移行してからの町屋という建物群もあるが、所詮は土地に付随するものと考えられる。

次に、明治政府の国の財政の基盤とされてきた地租のことがある。田・畑・宅地・山林などから生ずる収益に課したものであるが、明治六年（一八七三年）の地租改正条例以来の重要な国税（当時）の一つであった。一方、家屋税も課されたが、家屋の賃貸価格を課税標準とする地方税であり、歳入規模には大きな差がみられた。ここでも、課税の対象となる土地と建物（住宅）の資産価値が、そのようにさせている。

土地の所有や利用に関する基本的なルールを定めた民法は、明治三十一年（一八九八年）に制定されているが、外国とは異なって土地と建物を別個の不動産としている。そこには、土地と住宅に対する見解の相違がある。土地はそれ自体が不動産であり、定着物とされる建物は、それに付着するものと考えられてきた。現行法では、建物も土地と並列する不動産とされてはいるが、根底にはその認識がある。

さらに資産価値では、土地と建物には歴然とした相違がみられる。土地は再生産ができない財であり、建物はそれは可能としても経年によって減耗する。財である以上、利便性や収益性に影響され、その資産価値が変動することになるが、建物は土地の持つ諸特性によって、その有用性と経済性を発揮するものとされている。ここにも建物の付随性が現れている。

以上が土地と建物（住宅）についての根底にある認識と考えるが、わが国の都市政策や住宅政策の変遷からも、次のようなことが窺える。

文献によると、明治から大正半ばにかけてのこれらの重点は、都市の基礎づくりと交通機関の整備であったという。これは今日では諧謔的な言葉とされているが、「道路、橋梁、河川は本なり。水道、家屋、下水は末なり」という序列である。

この時代は、住宅問題に関する関心は薄いものだった。大都市に労働力が集中し、バラック建築が出現しても放置されていた。不衛生なスラムには、チフスやコレラが発生した。市区改正（現在の都市計画・明治二十二年制定）の施行、大正八年に都市計画と建築の基本法となる「都市計画法」と「市街地建築物法」が公布されて、ようやく住宅対策が講じられるようになる。この時期、横浜と東京に近代技術による日本初の市営住宅が誕生している。

ただ、この都市計画区域の設定直後の大正十二年（一九二三年）九月一日、関東大震災が発生して、東京はもちろん、横浜や横須賀にも大きな打撃を与えた。死者は一〇万人近く、一五〇万人以上の人が家を失った。このときの震災復興計画は、明治の市区改正とともに、現在の東京の骨格を形作った計画となっている。復興事業予算の不足によって計画の縮小もされたが、幹線道路の整備と区画整理事業による既成市街地の改造、整備が重点的に行われた。

これまでの記述は当時の都市・住宅事情を物語っているが、この後の住宅政策に注目することが必要である。首都東京を復興させるために詔勅（九月十一日）があってほどなく、「帝都復興院」の設立と住宅の復旧を担当する「同潤会」が誕生したことである。少しこれらについて触れる。

東京市長だった後藤新平が内務大臣に復職（大正十二年）し、復興計画の中心人物となった。このとき、アメリカ人都市計画家のC・ビーアドから交通機関や施設の工事順位、さらに住宅に関して取るべき政策が提言されている。同潤会は、大正十三年五月に内務省によって財団法人として設立されている。ビーアドの報告書は、同潤会により震災によって焼失した跡地に職工向けの住宅を建てればよいと述べている。

同潤会の最初の仕事は、東京、横浜に木造仮住宅を建築することだった。大正十三年末までに二一六〇戸が建設され、十四年末までに東京、横浜の一一か所に三〇〇〇戸以上の賃貸普通住宅を建てている。次いで行われたのが、同潤会アパートの建設である。東京の一四か所、横浜の二か所に建設されている。これらは中流階級向けに建設されたもので、当時の住宅政策はこれらの階級を支持したものといえる。

ここで述べたいのは、都市住宅の建設としての同潤会を考えるのではなく、公的住宅供給の政策における同潤会の位置づけである。

文献によると、わが国の国庫融資による住宅供給政策は大正八年に始まったといわれる。六大都市および同潤会が国庫融資で建設した住宅の総戸数は、昭和八年五月に一万四二四五戸に達し、うち同潤会が法人解散までに建設した戸数は一万二〇七六戸に及ぶとされている。これらの資料をみると、いかに同潤会が当時の住宅政策を担ったかがわかる。しかし、同時期のヨーロッパ諸国の住宅政策と比較すると、その数およびその対象に大きな違いがみられる。資料では、ヨーロッパの九か国では大正八年から昭和八年にかけて合計四五〇万戸以上の融資住宅が建てられている。この数字は平均して、これらの国々の総世帯数の一五・七%に当たるという。なおその対象は、下層階級用住居の改善が主であった。

同潤会も昭和九年のアパート建設を最後として、その後は木造分譲住宅の建設に入ることになる。そして、戦時体制下の昭和十六年（一九四一年）五月に解散して、住宅営団にバトンタッチしている。その住宅営団も昭和二十一年には閉鎖され、その後は戦災復興院や自治体による住宅供給が行われたが、昭和三十年に住宅公団が設立されて、戦後の本格的な公的住宅供給の時代を迎えることになる。

この項では、土地と住宅の理念の違いがあり、このことから当然に派生するであろう問題があることを前提に論を進めてきた。ところが判然としない。何故だろうか。先にも述べたように、不動産としては土地が主であって、建物（住宅）が従であるということは、歴然とした事実とされてきた。ところが、土地も建物も渾然としているのが現実の姿である。本来は土地の持つ諸特性が価値を創造するとされてきたが、実際は両者が融合された収益において価値が評価されている。したがって土地と建物を分離しての評価価値が存在しない。ということは、基準とされる土地の優位性が後退したと考えることが妥当となる。

つまるところ、土地の理念や住宅の理念にしても「居住」の理念として取り上げられるもので、それこそ「原型」にほからないと考える。

言われて久しくなるが、国際連合は一九八七年を「国際居住年」として、各国の住宅難に苦しむ人々に人間らしい住居を保障すべきと要請している。この理念は、一九四八年の「世界人権宣言」が原点であり、ここでは欧米諸国の住居関連法における理念の探求と制度化が行われ、住宅政策の理念が確立されている。続く一九七八年には、国連人間環境会議（ハビタット＝ＨＡＢＩＴＡＴ）の「人間居住宣言」がある。「住居は人権」という基本理念を進めてきた国際的努力の積み上げである。この宣言は、単に住宅難の解消ではなく、人間が地域において健康に住み続けてゆく総合的な条件を求めている。

ハビタットの人間居住宣言では、一般原則として次のような内容を持っている。

○生活の質的向上は、すべての人間居住政策の最も重要な目的である。
○土地（住宅）は人間居住の基本的要素であり、国家は利用、所有等を公的に規制する権利および利用を計画し規制する権利を有する。

「人間として住む」という営みの本質を問い直した、歴史と現実を見据えた創造が各地で芽生えている。わが国では、社会資産である土地や建物までもが投機の対象とされ、過密居住を強いられているが、そのような条件のもとでも高密度に住む都市らしい生活空間をつくり出している。二つの基本法に規定されている理念も、これらの理念を確認した内容となっていることには違いない。理念と法制の両立には、いろいろな制約や現実的な限界がみられるのは当然だが、しかし、ようやくにして土地と住宅に関する基本法が整備されたというのが実感である。

2　基本法の方向

これまで、土地基本法と住生活基本法の構成の比較やその理念の違いを探ってきた。本来土地と建物（住宅）の理念とされるものは、どのようにして醸成されてきたのだろうか。そして、どのような方向に向かっているのだろうか。そのような視点から、土地や住宅の観念が経済や社会的評価によって変化した過程を考察し、その延長としての現状を確認したい。

土地——民から公へ

土地所有の観念としての日本的な特徴として、土地と建物を別個の「不動産」としていることは前にも触れたが、このことは民法の立法過程における行きずりの過ちによっている。土地と建物が別個の不動産となった結果、土地とその上の建物の所有者が同一でなくともいいことになった。それで、借地に建物を所有することが可能となった。

民法では対価を支払って土地を利用する権利に地上権および賃借権を認めているが、当時の立法者は農地は賃借権、宅地は地上権によって行うものと割り切っていたようである。日清・日露戦争にかけて、東京をはじめ大都市に人口が集中し、住宅需要が急増して借地の市場が急速に変化する結果となった。当時は〈家作持ち〉といわれたが、借地をして貸し家とする住宅経営が展開された。

これらは宅地の利用という点では、はなはだ保護の弱い賃借権をもって貸し家を所有しなければならなかったわけで、借地についての紛争が多発した。それに対処するために「建物保護法」がつくられることになる。大正十年（一九二一年）に制定された借地法は、建物所有のための土地利用という点では大変重要な法律だった。というのは、借地の存続期間を強行規定によって補償したことである。木造建物でも、最低二〇年の存続期間を認め、これを下回る期間を定めても無効とした。さらに戦時の緊急事態に即応する形で、昭和十六年（一九四一年）には借家法とともに、いわゆる「正当の事由」の要件が加えられた。

この法定要件は、当時の住宅事情からすれば借地人や借家人にとって有利となるが、一方、地主や大家の立場からみれば過酷な条件となって、やがては「立ち退き料」の慣行を生むことになる。そして立ち退き料の目安として借地権割合なるものが援用されることになり、現在でもその料率が一人歩きすることがある。

地主対借地人、家主対借家人の相剋は資産の有効活用を阻害する様相が激しくなり、平成三年の借地借家法の制定によって利用関係が一新されることになった。

明治以降、わが国はあらゆる面で欧米を追いかけてきたが、これら諸国の土地所有に関する考えに対するわが国でのマイナス思想には、大きく次の二点があるといわれる。

一つは、「建築の自由」の考えである。市民としての財産権に関することだが、税金を払ってさえいれば、どのように使っても構わないという考えである。つまり、市民としての納税の義務を果たしていれば、何をしてもいいということだ。ここで問題なのは、〝何をしなくともいい〟ということである。例えばドイツにおける土地利用計画（略称Fプラン）や地区詳細計画（略称Bプラン）のように、土地利用に関しては全体の都市計画が部分の都市計画に枠組みを与えて、土地と建物を一体的に整備する方式をとっている。

わが国でも、平成元年に制定された土地基本法には、これらの都市計画の基本となる土地利用計画が含まれているが、現行の都市計画法には土地利用計画という概念は条文上には明示されていない。

二つには、「開発利益の私的な取得」である。土地への課税については、譲渡あるいは所有の課税が行われているがいずれも財政政策の範疇である。しかし、土地の価値の増加は社会資本の整備によるものだから、自分の物としてはならないと考えるのが正当である。例えば後述のように韓国では、開発利益の私的な取得は排除されている。

土地基本法はこの点について、社会的経済的条件の変化により増加した利益に対する負担を明確にしている。住生活基本法にはこれらのことは明示されていないが、属性の違いがあっても土地と建物は融合して価値が形成されるものと考えれば、その利益に応じた負担は何らかの形で求められなければならない。

消費税率の引き上げが論議されているので、住宅購入に税の特例措置を求める声がある。住宅は資産だから固定資産税を払うが、〝耐久消費財ではない〟ということだ。住生活基本法が住宅の質を重視するので価格が張るので税負担が増える。住宅投資に減税を訴えるものである。不動産には税負担の項目が多い。かつて登録免許税は特例課税だったが、原則（本則）課税となった。不動産取得税は特例課税が延長されている。不動産流通には購入資金の融資と減税措置は欠かせないことも事実である。

〇九年の税制改正では、住宅購入に伴う贈与税の減額など個人向けの税負担を軽減している。企業向けには、研究開発の減税や中小企業の交際費の損金算入の拡大も認めている。一方で、大手企業では、税効果会計などの会計処理を駆使しての企業体質の改善を図っている。

ここで同じような開発利益の私的な取得に対する韓国での対応について述べる。ご存じのように、わが国と韓国の都市像は似通っており、都市制度は土地の利用規制から開発事業や開発誘導まで同じような体系となっている。韓国では〇二年に制定された「都市及び住居環境整備法」によって、開発事業の施行主体、施行方法や手続きが体系化されている。

わが国でも土地の私有財産制と公共の福祉のための制限があるが、韓国では公共の概念が一層強くなっている。韓国では、所有権による土地の所有、収益および処分は自由ではなく、土地の公共性と社会性が強化され、土地は公共のものと考えられている。法制としても、憲法（第六共和国憲法）や国土利用管理法でも、土地は公共の福祉を優先して利用されるもので必要な制限と義務を課すとしている。

この背景には、土地の所有が少数の地主に偏っていることや富裕階級の土地投機買いが行われていることがある。これらによって生じる弊害を排除するために、一九九〇年に「土地公概念関連四法」が施行されている。この関連四法とは、開発利益還収法・土地所有上限法・土地超過利得税法・土地管理及び地域均衡開発特別会計法を指す。要は、土地からの不労所得は資本主義の精神に反するので、その一部を国家が還収（徴収）することおよび土地所有者の独占的な影響力と土地価格の上昇を排除することを目的とするものである。その

［図表 19］全国の宅地供給量の推移

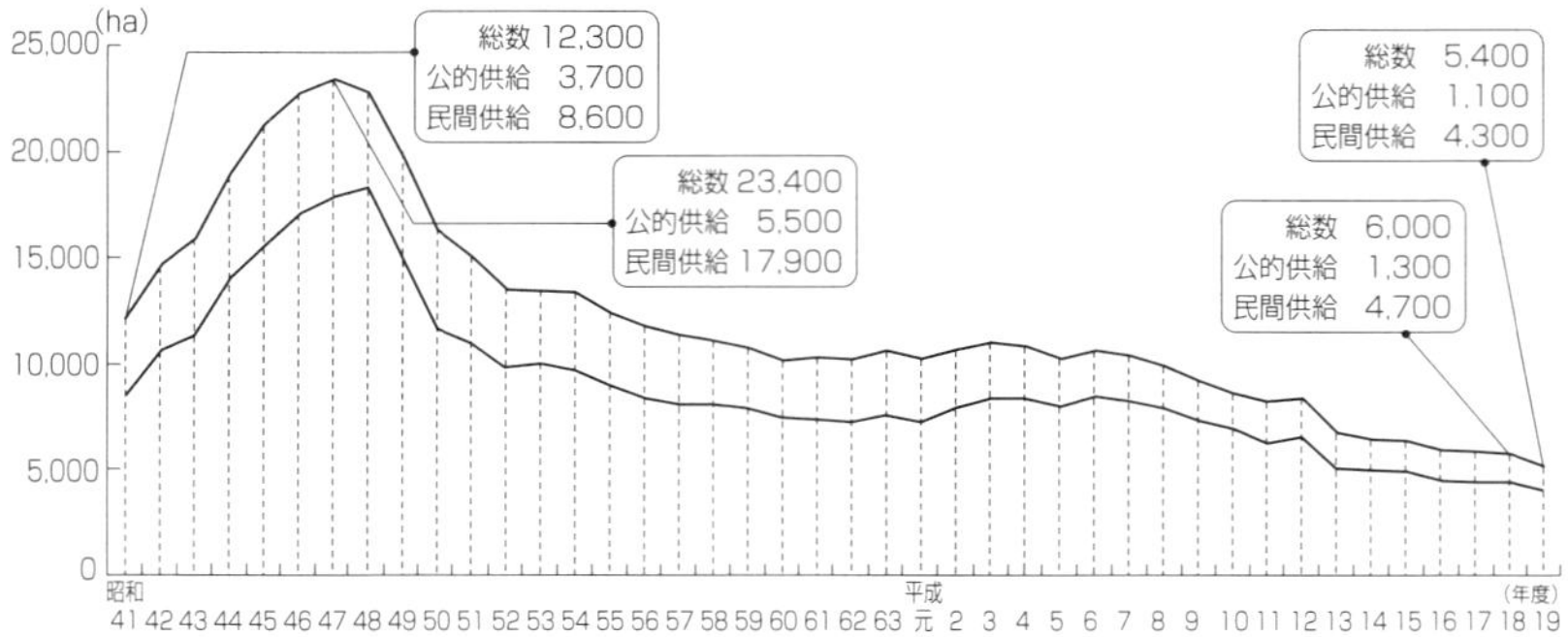

資料：国土交通省調査

注１：公的供給とは、独立行政法人都市再生機構、地方公共団体等の公的機関による供給であり、これらの機関の土地区画整理事業による供給を含む。

注２：民間供給とは、民間宅地開発事業者、土地所有者等の民間による供給であり、組合等の土地区画整理事業による供給を含む。

出典：国土交通省『土地白書 09』

後、法制が複雑なため前記の「都市及び住居環境整備法」が制定されているが、基本的には開発利益の還収についての強権的な行政作用には変わりがない。

このように韓国では、かつてわが国が体験したのと同様な土地価格の上昇や都市問題への対応に、効果的な施策を行っている。わが国でも、現時点では土地価格の平常化によって、これらの課題は消滅したかにみえるが、人口の大都市への新たな集中の傾向もあって土地利用や土地価格の二極化の現象が現れている。今後、都市のインフラの整備、居住環境の改善をはじめマンションの老朽化対策、住民参加や自治体機能の強化に伴う全体から部分への都市計画の転換などを視野に入れた対応が求められる。この点からも、土地基本法の視点を忘れてはならない。

住宅――公から民へ

昭和二十年（一九四五年）の終戦から、激しい戦後が始まった。衣食住とも絶対的な不足の上での貧困で、かろうじて命を保つ生活が続けられてきた。四三〇万戸ともいわれる戦災住宅のために、「罹災都市応急簡易住宅建設要綱」が発表されたが、徹底的に破壊された国土には資材がなかった。住宅営団（当時）は六・二五坪の越冬住宅の大量建設に乗り出したが、回復はたやすいものではなかった。終戦から朝鮮戦争にかけては、とてもまともな住宅が建つ時期ではなかった。

一部にようやく回復のきざしもみえてきて、昭和二十三年（一九四八年）には建設省（現国土交通省）が設置された。それまでの日本には、建設行政の監督官庁がなかったことになる。建築確認（許可）は警察署が、建設業はセメントを使っているので商工省の窯業課が担当、といった笑い話のような事実があった。翌二十四年には「建設業法」が、さらに二十五年には市街地建築物法に代わる「建築基準法」および「建築士法」が相次いで制定され、制度面での新しい体制が整備されてきた。

当時の建設省が試作建設した公営アパート二棟は、戦後の公営・公団アパートの先駆をなすもので、日本の建築史・住宅史上に画期的で重要な位置を占めるものである。ともかく衣・食とともに「住」は未だ最低の状態だった。昭和二十一年の十一月十一日には、〝住宅よこせ大会〟が開かれている。

昭和五十四年（一九七九年）三月、ＥＣ（ＥＵの前身・欧州共同体）の資料「対日経済戦略報告書」に〝ウサギ小屋に住む働き中毒の日本人〟と書かれたことは、当時のわが国の住宅事情を端的に物語っている。公営や公団の集合住宅を指している表現と思うが、今でもこの言葉は忘れられない。

住宅の取得については第1章でも触れているが、大都市圏に住む人々は、住むことに対して非常な努力をしている。住宅を入手することが人生の目標となって、住宅ローンの返済のために他の支出を切りつめなければならない状況が続いている。

住宅事情を終戦時から六〇年余を経過した現在をみると、まことに隔世の感がある。いわゆる「家余り」の状況下での着工戸数や住宅の供給は今後の住宅市場にどのような影響をもたらすか、そのことを考えてみたい。

金利の低下を背景とする資産活用の手段に、不動産投資への関心が高まっている。遊休地を活用する賃貸住宅や投資向けのワンルームマンションなどの実物の不動産投資は以前から行われていたが、今では企画から管理までのすべてを代行してくれる方式が一般化している。話題となっているのが、インターネット利用の拡大である。個々の土地取引価格はこれまで非公開だったが、国土交通省が法務省の登記情報に基づいた価格を公表している。さらに宅地建物取引業法に基づく指定流通機構が保有する不動産取引情報（成約情報）のインターネット上での公開も行われている。不動産取引では、すでに民間のオークションも開設されている。

不動産の流通化に際立って目立つのが、いわゆる不動産証券化である。本格的な証券化商品としては、〇一年に東証に上場されたＪ－ＲＥＩＴがある。米国で盛んな不動産投資信託（ＲＥＩＴ）に倣ったもので、有価証券以外の不動産も法改正により投資信託の対象になった。不動産と金融が融合した新しい市場である。上場当初は六銘柄程度であったが次第に規模が拡大し、滞留していた不動産を動かすことでバブル後の不動産価値を回復させ、不動産ブームを支えるまでに成長した。

［図表20］新設住宅着工数の推移

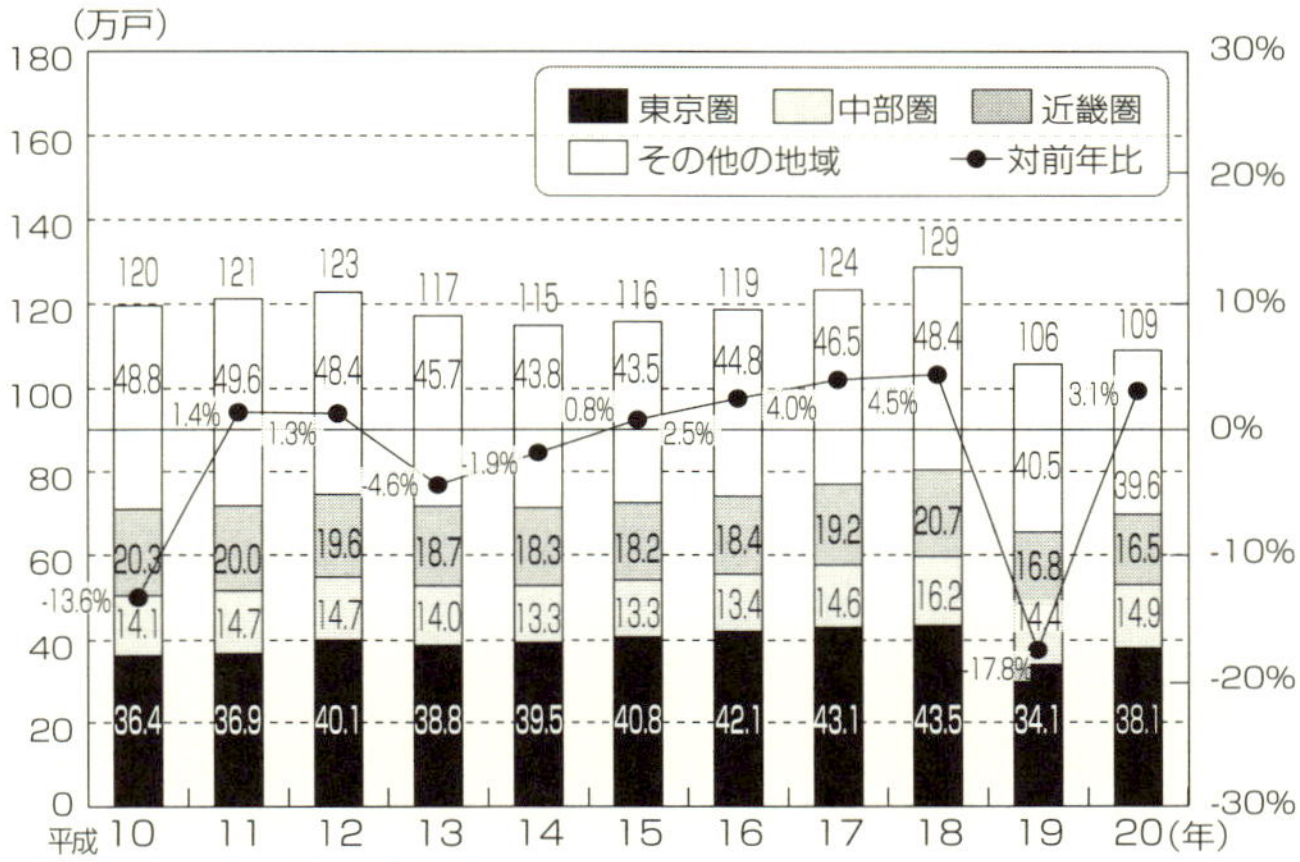

資料：国土交通省「住宅着工統計」
出典：国土交通省『土地白書09』

住宅の市場化をどのように考えるか。市場の活性化が歓迎される一方で、住宅価格が上昇につながる懸念がある。また、住宅を投機対象とすることを容認すれば、価格高騰による住宅取得が妨げられ、ひいては住生活のレベル低下を招く恐れもある。

国土審議会土地政策分科会の「不動産投資市場検討小委員会」が〇五年に発表した報告では、バブル崩壊後の大量の不良債権を処理できたのは不動産証券化手法の導入による効果であるとし、不動産投資をわが国の資産デフレから脱却するための重要な方策として位置づけた。また社会資本整備審議会産業分科会も、〝不動産投資市場の環境整備に努めるべきだ〟と中間報告をしている。

わが国では、一九九八年に資産の流動化に関する制度が創設されて以降、不動産投資のための法制が矢継ぎ早に制定され続けた。〇四年には投資業務の拡張を含めた「信託業法」・「証券取引法」が改正され、〇七年には業務規律の整理を対象とした「金融商品取引法」が施行されている。

やがて不動産証券は金融商品としての膨張をかさね、実態を離れた金融商品独特の派生商品を生むことになる。これが米国のサブプライムローン問題の発端となり、世界金融危機を誘発した。わが国も公的資金を導入して金融・産業の破綻防止に対応してきたが、その影響はＪ―ＲＥＩＴにまで及んで、ＲＥＩＴの資金繰りを支援する「不動産市場安定ファンド」が官民で設立されることになっている。

すべてを、経済の論理で成立させる市場に問題はなかったか。不動産と金融を融合する新たな市場を重視しすぎてはいないかとの思いがある。消費者の存在を無視した方策は、いずれ反発を呼び修正されることになると考える。

ここで不動産市場、特に住宅市場（ハウジング・マーケット）の働きを考えたい。住宅を需要面からみると、①家族の独立による、②転勤や世帯の事情による、③災害による滅失の補充、④より良い住宅・環境を求める、などが主な理由となっている。これには、若い世代が集まる都市と過疎化と高齢が深刻な農村を比べるとわかるように、地域差がみられる。一方、供給面からみると、①新規の建設、②空き家（中古）の供給、などがある。つまり、地域には既存住宅のストックがあり、新規供給と滅失というフローが加わってストックの新陳代謝が行われていると説明できる。

さらに住宅市場の流通範囲はどうかというと、かなり地域ごとに特徴がみられる。東京圏や大阪圏でもそうだが、ＪＲや私鉄の沿線での流通が多い。これらの地域ごとの需要と供給が結びつくことで、住宅市場が成立することになる。

住宅産業はハウスメーカーが中心で、それらに部品・部材を提供する建材・設備メーカーや木材・鉄鋼・セメントなどの素材メーカーが支える構図となっている。さらに住宅流通の業務が付随して、市場調査・企画相談・資金斡旋・流通情報などを業務としている。

基本的に住宅市場は、企業による販売と投資という二つの論理で運営される。公共は、住民福祉の立場から市場に介入する。住環境としてのインフラ整備をはじめ公的賃貸住宅の供給、資金の低利融資などがこれにあたる。だが、政策としての公共ハウジングにはおのずと限界があり、住宅市場はハウスメーカーあるいはデベロッパーに委ねられることになる。〝何でも市場に任せれば〟というドグマ（信条）が顔を出すことに、批判がある。市場というものは、時には曖昧な意味しか持ち得ない「自由な交換」ということが前提としてあるだけで、理念としての公共の概念にはほど遠い。

公的賃貸住宅の二二％を占める機構住宅（七七・五万戸）の居住者でつくる全国公団住宅自治協議会は、住生活基本法を〝住宅は市場で手に入れるべきだという「市場原理」万能の考えを打ち出したもの〟として反発している。これまでこの団体は、「住まいは人権」を合い言葉に政府に住宅基本法の制定を強く求めてきたが、住宅は民間に任せ、国はやらないことを宣言した〝民営化路線の住宅版〟だとしている。さらに、「官から民へ」の方針で住宅も民間主導に移行すると指摘、住宅市場に国が関与することを極力少なくしているとも論評している（〇六・二・十八　The Newkey）。

	賃貸住宅（1717万戸）	
	民間賃貸住宅（1256万戸） 〔住宅の質〕 ・居住水準 ＊平均床面積：44m2 ＊最低居住水準以上世帯の割合：9.8% （＊誘導居住水準以上世帯の割合：33.2%） ・長期にわたって使用できる良質な賃貸住宅、特に、ファミリー向け賃貸住宅が不足 ＊ファミリー向け賃貸住宅の不足：約168万戸 ・バリアフリー化 ＊「手すりの設置」「段差の解消」「広い廊下幅の確保」といった基本的なバリアフリー化がなされたストック（借家全体）：1.5% 〔賃貸住宅管理〕 ・入居限定 ＊入居限定を行っている割合：約25% ＊限定条件：外国人、高齢者、小さな子供 ・管理の質が低い ＊家主による長期修繕計画の作成割合：約2割 ＊国民生活センターに寄せられた賃貸住宅の相談件数　H5 5108件→H15 27588件 **給与住宅（149万戸）**	**公的賃貸住宅（342万戸）** 〔住宅の質〕 ・居住水準 ＊平均床面積：52㎡（公営の借家）、49㎡（公団・公社の借家） ＊最低居住水準未満世帯の割合：9.2%（公営の借家）、10.1%（公団・公社の借家） ＊誘導居住水準以上世帯の割合：34.8%（公営の借家）、36.9%（公団・公社の借家） **公営住宅（219万戸）** ◆国及び地方公共団体が協力して健康で文化的な生活を営むに足りる住宅を整備し、住宅に困窮する低額所得者に低廉な家賃で供給 ＊応募倍率：全国9.4倍、東京27.4倍（H15） ＊収入超過者の割合：全国9.1%、東京9.2%（H15） **特定優良賃貸住宅（15.4万戸）** ◆中堅ファミリー層向けの良質な（比較的規模の大きい）賃貸住宅を市場で供給 **高齢者向け優良賃貸住宅（1.4万戸）** ◆高齢者が安心して暮らせる良質な（比較的規模の大きい）賃貸住宅を市場で供給 **都市再生機構賃貸住宅（75.5万戸）** ◆大都市等において、主にファミリー世帯向けの良好な居住環境を備えた賃貸住宅を供給 **地方住宅供給公社賃貸住宅（13.8万戸）** ◆中堅勤労者向けの良好な居住環境を整えた賃貸住宅を供給 **その他（17.3万戸）**

（注1）住宅戸数等の住宅ストックに関するデータは平成15年住宅・土地統計調査等による（数値に空き家は含まない）。ただし、公的賃貸住宅（342万戸）については個別に集計した戸数を記載しているため、賃貸住宅の総戸数は賃貸住宅ごとの合計と一致しない。

（注2）都市再生機構賃貸住宅（75.5戸）には、高齢者向け優良賃貸住宅として供給されているもの（1.1万戸）を含まない。

（注3）「その他」は改良住宅等。

出典：社会資本整備審議会資料

［図表 21］公的賃貸住宅を含むわが国の住宅ストックの全体像

持ち家（2867 万戸）

〔国民のニーズ〕
・持ち家志向が強い
　＊国民の約 8 割が持ち家志向

〔住宅の質〕
・居住水準
　＊平均床面積：124m²
　＊最低居住水準未満世帯の割合：1.1％
　＊誘導居住水準以上世帯の割合 65.0％
・バリアフリー化
　＊「手すりの設置」「段差の解消」「広い廊下幅の確保」といった基本的なバリアフリー化がなされたストック：4.3％

〔負担〕
・多額のコスト
　＊平均購入価額（公庫融資を受けた住宅）：
　　約 3100 万円（新築住宅）
　　約 2000 万円（中古住宅）
　＊平均借入額（公庫融資を受けた住宅）：
　　約 1600 万円（新築住宅）
　　約 1100 万円（中古住宅）
　＊平均償還期間（公庫融資を受けた住宅）：
　　約 31 年（新築住宅）
　　約 24 年（中古住宅）

社会資本整備審議会答申では、目指すべき住生活の姿の一つに住宅困窮者の安定した住居の確保を挙げている（四一頁参照）。第２章でも述べたように、社会資本整備審議会は住宅宅地分科会に審議を付託し、分科会では基本制度部会を設けて検討に入ったが、さらに「公的賃貸住宅のあり方に関する小委員会」を設けて専門的な検討を行った。小委員会では、基本的な方向についての論点を次のように整理している（国土交通省住宅局　〇六・六）。

検討の背景

現在基本制度部会で新たな住宅政策の制度的枠組みを検討しているが、その中で公的賃貸住宅の事業量を明示してきた住宅五か年計画の抜本的な見直しなど、公的賃貸住宅供給のあり方についても見直しが求められている。また、公的賃貸住宅が中心的な役割を担う住宅セーフティーネットの機能向上については、すでに方向性が示せた。

公的住宅の沿革と現状

公的賃貸住宅は、戦後復興期の住宅ストックの絶対的な不足解消のための公営住宅制度の中心課題として、国と地方公共団体により供給されてきた。現在の公的賃貸住宅のストック量は約三四二万戸、賃貸住宅全体の約二割となっている。

公的賃貸住宅の施策対象および公的関与の必要性

・市場で最低居住水準（注：四人世帯で五〇平方メートル。このほか、最低居住面積水準、誘導居住面積水準がある。一二二頁参照）の達成が困難な低所得者には、所得再配分などの観点から賃貸住宅を供給することが必要である。
・民間賃貸住宅も含めて住宅ストックの質の向上を先導する観点から、良質な公的賃貸住宅の供給を図ることが必要である。
・公的賃貸住宅は、地域政策の中に位置づけて活用を図ることが必要である。
・災害や災害復興においては、民間住宅市場が十分機能しないので公的賃貸住宅を供給することが必要である。

［図表22］公的賃貸住宅のあり方

論点・課題	今後の方向（検討に当たっての考え方）
(1) 住宅セーフティーネットの再構築 ①適正かつ効果的な公的住宅の提供 真に「住宅に困窮する低所得者」に、提供できるようにする。 （注）公営住宅の入居者資格 ・入居収入基準（月収二〇万円以内） ・同居親族要件 ・住宅困窮要件	・公営住宅の入居基準について、適正に対処すべきである。 ・入居基準を検討すべきである。 ・入居のあり方を検討すべきである。 ・家賃負担について検討すべきである。 ・家賃補助の内容を研究すべきである。
②住宅セーフティーネットの担い手の拡大 NPO、民間事業者等を担い手として位置づける。福祉政策等との連携により、居住支援、自立支援などを含めた住宅の提供をする。	・民間住宅の借り上げやPFIによる手法など、検討をすべきである。 ・民間賃貸住宅を活用するための取り組みをすべきである。
③地域の実情の的確な反映 地域の実情を反映した、きめ細かな住宅セーフティーネットを構築する。	・地域の住宅事情に応じた仕組みを検討すべきである。
(2) 将来世帯に承継できる良質な社会資産の形成 住宅市場の現状に対し、良質な賃貸住宅ストックを提供する。	・民間の事業環境の充実を図るべきである。
(3) 地域政策への貢献 公的賃貸住宅は、地域政策の中に位置づけて活用を図る。	・各種の公的賃貸住宅を一体的に運用する仕組みを検討する。

施策展開に当たっての方向性

公的関与の必要性を踏まえると、国と地方公共団体が一体となって公的賃貸住宅を供給して、民間賃貸住宅をセーフティーネットとして活用するための環境整備を進めていくことが必要である。

なお、公的賃貸住宅を公平かつ的確に供給するためには、定期に制度のあり方について点検を行うべきである。国と地方との役割分担については、住宅困窮者への対応について国が最終的な責任を持つべきである。特に公営住宅については、新たな住宅政策の制度的枠組みの中において国の責務を明確にすべきである。

以上のことから公的賃貸住宅の今後のあり方をまとめると図表22のように要約できる。

これまでで感ずるのは、戦後わが国の住宅を確保してきた施策の方向転換である。あるいは、住宅からの「公の撤退」といってもいい。住宅の公的直接供給から、間接支援と賃貸への市場シフトである。「ストック重視」および「市場原理」を基本とした、公から民へ転換が示されている。住居水準・住宅戸数の充実を踏まえて、住宅運営が市場に委ねられることになるが、果たして期待どおりの効果が得られるのか。ここには、住宅政策を支える公と民の役割が十分に機能するかどうかの問題がある。さらに市場では、適正価格で良質な住宅が確保できるのだろうか。住宅の「公から民」への転換に、経済の論理が付きまとっていることが気にかかる。

第4章　基本法と住宅政策の焦点

1　基本法の効用

基本法の法律的な位置づけについては、土地基本法を例に述べている（六九頁参照）。基本法とは、本来どのような効用を持つものだろうか。さらに、法制度にどんな影響を及ぼすのだろうか。これらを探りながら、住生活基本法が構築する住宅政策の焦点を確かめたいと思っている。ここでは、法律の内容の是非を問うのではなく、基本法の多様性やその効用について考える。

基本法の多様性

「基本法」と題名が付けられている法律は、三〇を超える。基本法であれ、その他の法律であれ、その形式的効力の点に異なるところはないが、基本法は一般の法律に比べて次のような特色があるとされる（学陽書房『法令用語辞典』）。

①基本法は、国政に重要なウェイトを占める分野について、制度、政策等の基本方針が示される。このため基本法によっては、前文を置いて、その制度の背景、決意等を格調高く謳うものもある（教育基本法、食料・農業・農村基本法等）。

②基本法とされる以上、その分野に属する法律に対して優越する性格を持つことになる。このため、同法の施策を実施するための措置を講ずること（中小企業基本法）、あるいは個別的に具体的な内容を定めること（原子力基本法）などが多い。

③基本法に定める事項の運用に関して、通常の諮問機関と異なる施策推進のための機関が設けられることが多い（消費者保護会議＝消費者基本法）。

④基本法の性格上、直接に国民の権利義務に影響を及ぼすような規定は設けられず、通常は訓示規定か、いわゆるプログラム規定で構成される。

以上が基本法の法的な性格であるが、案外いろいろな要素を持っており、複雑でとらえにくいことがわかる。そのうち、施行令（政令）を伴うものや府令・省令を持つものがある。政令や省令については、基本法も一般法と同じく法律の規定内容により制定されることになるが、結果として、住生活基本法にはあるが土地基本法にはない。また、附則で施行期日を定めるほか、経過措置および関係する法律の改正を規定している。これらは、その基本法の影響範囲を示しているのにほかならない。

基本法の性格として、その分野の下位法を持つことを述べたが、土地基本法または住生活基本法をそれぞれ頂点とする土地法および住宅法の領域を、法令体系から概観すると次のようになる。

土地法

○土地基本法

○国土利用計画法

（国土利用計画――全国計画）

（土地利用基本計画――都道府県計画）

- 都市地域――都市計画法
- 農業地域――農業振興地域の整備に関する法律
- 森林地域――森林法
- 自然公園地域――自然公園法
- 自然保全地域――自然環境保全法

住宅法

○住生活基本法
（全国計画）
（都道府県計画）

公営住宅	公営住宅法
改良住宅	住宅地区改良法
住宅金融公庫の貸付け資金によって建設・購入する住宅	住宅金融公庫法（金融支援機構法）
都市再生機構の賃貸または譲渡する住宅	都市再生機構法
国、地方公共団体等が補助・貸付けする住宅	地方自治法ほか

両者の比較でもわかるように、土地法と住宅法では体系が異なる。土地法は面的、横断的であるのに対して、住宅法は点的、縦断的な体系となっている。さらに、前者が規制法の性格であるのに対して、後者は事業法の要素が強い。これらは、体系というよりは、質的なものあるいは対象からくる相違とも考えられる。

ここで、少しその内容に立ち入ってみる。まず土地は、国土利用計画法（昭和四十九年法律第八九号）による国土利用計画によって五地域に区分され、それぞれが個別法によって土地利用を規制する形態をとっている。〇六年時点の国土面積は約三七七九万ヘクタールで、うち森林が二五〇九万ヘクタールと最も多く、農用地が四八二万ヘクタールで、これらで全国土面積の約八割を占めている。宅地は一八二万ヘクタールであるが、工業用地等を除いた住宅地は一一〇万ヘクタール（四・八％）に過ぎない。〇六年の土地利用転換面積は二万二〇〇〇ヘクタール（対前年比七・一％減）で、農林地および埋立地からの住宅地などへの転換面積は一万七四〇〇ヘクタール（対前年比六・三％減）となっている。

住宅地として注目される「都市地域」は、住宅地・工業用地等および道路を合わせてもわずか三一〇万ヘクタール（八・三％）を少し超えるに過ぎないことになる。また、国土全体に占める私有地の割合は、国・公有地や道路等を除いて法人が一四・二％、世帯（個人）が三八・〇％となっている（国土交通省推計〇八年）。

土地にかかわる課題として、都市地域（都市計画法）と農業地域（農振法）の関係について述べたい。

わが国の都市計画は、農業地域の土地利用計画に多大の影響を及ぼしているといわれる。「地方分権一括法」が二〇〇〇年四月に施行されて、都市計画決定や農振法の地域指定が都道府県および市町村の事務となったが、旧都市計画時代から現在に引き継がれている地方都市周辺における用途地域指定が、農村社会とその土地利用を無視したものとなっていることである。改正された都市計画法（〇一年五月）では、準都市計画地域を指定して農村での都市計画を策定するとしているが、新しい視点からの農村土地利用計画が期待されている。

旧法による農村地域における土地利用計画は、市街地近傍には用途地域が定められたが、農村計画法が制定されなかったためにゾーニングはなかった。現在では「食料・農業・農村基本法」（平成十一年法律第一〇六号）が制定されている（当時（一九一九年）は、都市計画法のみが制定された）。

「平成の大合併」と同じく、町村合併法（一九五三年）による昭和三十年代の「町村合併」は、地方都市が周辺町村を取り込んで新しい合併都市を次々に誕生させた。それらの新都市は、都市計画としての用途地域を指定したが、これが今日まで残る杜撰な都市計画といわれている。

昭和四十年代に入って都市計画法の抜本的な改正が論じられ、一九六八年（昭和四十三年）六月に新都市計画法が成立する。ここで、いわゆる「線引き」による市街化区域と市街化調整区域が設定され、都市的土地利用と農村的土地利用の区分が明確にされた。農林漁業との健全な調和を図って総合性・一体性のある都市計画とするために、農林漁業との調整を十分図ることとされた。さらに農振法（一九六九年）が制定され、農用地区域の指定がされて、ようやく農地保護の概念が生まれた。

ところがこの線引きも、本来の趣旨とは異なったものとなっている。農業サイドからも農地を市街化区域に入れる動きが出て、市街化区域内農地として残り、その一部が生産緑地として位置づけられている。一方で、農振法の農用地区域も「軒下線引き」といわれるように集落周辺ぎりぎりまで指定すると思えば、「農振白地」を取り込んだ土地利用計画もなされている。集落地域整備法（一九八七年）が制定され改善策が示されているが、適用条件や交換分合（換地）の問題を残している。

農業には後述（二一九頁）するような減反や農地転換の問題もあるが、農村計画としての課題が潜在しており、これらにも綿密な計画が策定されなければならない。農村計画の核心は、土地利用計画である。農村計画では、まず農村の社会・経済計画を策定し、農業だけでなく農村商工業に関する計画を立てる必要がある。そのうえで、各市町村独自の土地利用計画を策定して、農村空間の将来像を明確にしなければならないと考える。

次に住宅だが、新設着工戸数は〇七年では約一〇六万戸（対前年比一七・八％減）となっている。新設着工は〇三年以降四年連続で増加してきたが、改正建築基準法の施行などの要因も加わって五年ぶりの減少となっている。これを利用関係別の床面積比にみると、持ち家四六％・貸し家二二％・分譲住宅三一％、その他一％となる。「住宅着工統計」は、国土交通省が持ち家や分譲、貸し家など住宅の種類別や地域ごとの新設戸数を毎月公表しているものだが、マイホーム購入にあわせて家具や家電製品などの耐久消費財を購入するため、個人消費の指標としても重視される。これらの耐久消費財の購入規模は年一兆三〇〇〇億円にのぼるといわれる。新設着工戸数の維持には、住宅金融の存在が大いに関係するところだが、ここで住宅金融の新しいあり方や金融支援について考える。

経済協力機構（ＯＥＣＤ）の予測では、わが国の〇九年の国内総生産（ＧＤＰ）伸び率を一・八％としているが、ここしばらくは内需がプラスで外需がマイナスとなっている経済構造には変わりがない。内需の牽引役は設備投資であるが、個人消費や住宅投資も貢献している。住宅建設はＧＤＰの趨勢に影響を与えることになるので、歴代政府は「住宅」を内需拡大の経済対策として制度化し運用してきた。住宅金融の規模は現在ではＧＤＰで五％程度、二四兆円にも達するということで、経済にかなり大きな影響を与えることになることを理解しておかなければならない。

旧住宅金融公庫による融資の推移をみても、トップでのシェアは平成六年（一九九四年）に四五％ぐらいまで上昇している。国として不況に対処するために、住宅計画戸数を増加し、住宅による内需拡大を図った結果である。このときには、実際には三五年しか貸せないのを、最初の五年間は七五年返済の計算方式ですることも導入した。さらに公庫は原則八〇％融資だったが、それを一〇〇％融資にまで緩めて経済を刺激している。

〇一年以降になると政府は「改革先行プログラム」を採用、〝民ができるものは民で〟という方針で、公庫のシェアは必然的に減っていった。民間のシェアは九四年には公庫と同じく四七％程度であったが、金利の低下傾向の中でローン金利を一気に短期型タイプの商品に改め、〇三年には九二％台に伸ばしている。これには、公庫債権が民間に借り変わったということもある。ただ、民間の住宅ローンは定期預金や通常預金を原資とする仕組みから、長期の三五年物とするのは難しいのが現実である。

新しい住宅金融公庫のこれからの機能、すなわち、公庫の整理合理化についてみる。〇一年十二月に、「特殊法人改革への取り組み」についての閣議決定がなされた。この中で、公庫は次のような四つの改革を求められた。

①融資業務の段階的縮小
②金利体系の変更
③公庫の既往の債権の管理
④証券化支援業務への切り替え

①については、〇二年から毎年度融資の実績を段階的に減らすことで、〇一年に五五万戸であったものを、〇五年度には二〇万戸に減らしていく。融資額でも、「特別加算額」を減額する。

②については、国庫からの利子補給（一％）が削減されたので、その分の金利を上げる。このことは、利子

補給を前提にしない金利体系に切り替わったということである。公庫融資は民間融資の金利に比べ割高と思われているが、民間は短期や変動金利であるのに対して公庫は三五年の金利を定めたもので、質が違うものである。

③については、公庫融資に係る返済困難な債権への対応である。〇四年六月末での貸付件数は、四三七・二万件ある。そのうち返済方法を変更したのが五〇・八万件、特例措置をしたのが一〇・二万件ある。特例措置には、返済期間の延長、元金返済の猶予・据置、金利の引き下げがある。

④については、国民から強い要望のある「長期・固定金利の住宅ローン」の提供を民間が行うための措置である。公庫の信用力を活用して民間の融資債権の「証券化」を行う証券化支援事業（買取型）を〇三年十月から実施した。

以上の業務のほか、公庫の直接融資はどうなるのかという懸念があった。民間が、長期・固定の融資ができるのなら公庫はいらないのではないか。また、民間融資では勤務年数や職種などで審査選別しているが、これらのことも含めて円滑な融資が可能ならば公庫の必要がなくなる。公庫融資の果たしてきた機能は何だったのか。公庫は、これまで住宅の質の向上に貢献してきたといわれる。バリアフリー住宅・省エネ住宅・耐久性基準を満たす住宅という観点でみれば、公庫がこれらを制度に取り入れ普及させたことで、大きな効果をあげてきた。公庫の後身の独立行政法人に、どのような機能を持たせるかの議論である。民間ができないあるいは民間がやりづらい分野のカバーが必要となる。

証券化支援事業という形でも、長期・固定の融資分野はカバーできるかも知れない。しかし、密集市街地の整備事業に民間が融資をするだろうか。例えば、阪神・淡路大震災のときに、災害を復旧させるのに旧住宅金融公庫が貢献している。老朽マンションのリフォーム融資制度を持っている銀行はほんの一部で、実際は公庫が行った。公庫には「リバース・モーゲージ的償還」という融資制度があるが、団地建替えの場合の高齢者対策に効果がある。リバース・モーゲージ（reverse mortgage）とは、不動産を担保に生活資金の融資を受け、返済には処分する仕組みだが、民間の融資制度としてやれるかということである。

また、定期借地事業への公庫融資総額は三〇〇億円を超えている。定借事業などの新しい試みには銀行は手を出さない。このような分野では、公的金融が地盤をつくって地ならしをしたところに民間金融が出る。逆にいうと、出やすくなる。このような政策分野での直接融資の機能を、何らかの形で保持してほしいと思う。

幸い再編後の住宅金融融資支援機構は、民間金融機関では対応困難なものについての直接融資を継続することになったが、今後の進展を望んでいる。

事業者あるいは融資をする立場からも、考えなければならないことがある。それは、消費者保護のことである。いま、「官から民へ」の時流に乗った施策の転換の中で「市場原理」が叫ばれているが、これは〝自己責任でやれ〟といっているものである。それならば、消費者側も生産者・金融機関と同じ情報を共有しなければ付いて行けない。その意味で、これらの的確な情報提供は、国が役割を負うことになる。

住宅というのは、明らかに個人資産である。しかし、先進諸国で住宅に対する援助制度のない国はない。税制とか、融資とか何らかの形で国が関与している。なぜ、住宅に国が助成するのか。それは、個人資産であるけれども国民生活の再生産の拠点だからである。今後の政策を考える場合に住宅政策とは何なのかを、現状分析をもとに将来を見通す施策が必要となる。

基本法の効用

これまで、基本法の多様性についてみてきた。ここでは基本法の効力、あるいはその効用について考える。基本法の効力が十分に発揮されるためには、その法体系およびそれを具体化するための制度が必要となる。前項でもみたように、住生活基本法は事業法的な性格が強い。政府は、この基本法にどのような役割を持たせ、また効用を期待しているのか。まず、国会での法案審議から検証する。

国会での国土交通大臣の法案趣旨説明では、「これまでのわが国の住宅政策は、住宅建設計画法のもとで公的資金による住宅の新規供給の支援を通じて、住宅不足の解消や居住水準の向上に役割を果たしてきた。しかし、近年の社会経済情勢の変化に応じた豊かな住生活を実現するためには、住宅の量の確保を図るこれまでの政策から、住宅セーフティーネットの確保や住宅市場の整備および住宅ストックの質の向上を図る政策へと転換を図る新たな住宅政策を構築することが課題である」としている。

要はすでに述べているように、住宅の直接供給から間接支援への転換である。この場合に問題になるのは、住宅のセーフティーネットと住宅市場のあり方である。前者は公共の責任と認識するが、後者は民間の役割として市場経済に任せるというものである。そして、住宅の質の向上も市場に依存するという考えも示されている。しかし、住宅の「質」を高めるということは、取りも直さず消費者の負担にもかかわることでもある。このところを、どう考えればよいのかが問題となる。

住宅の質を考えるときに、居住面積、安全性、それに環境を含めた生活環境が指標とされる。居住面積と安全性は、住宅における基礎的条件である。八期にわたる住宅建設五か年計画によって、標準世帯の最低居住水準面積は確保されたとしているが、耐震化・住宅性能等の基準を満たした誘導居住水準レベルまでの達成には、消費者の経済負担を含めての課題がある（一二二頁参照）。

さらに居住環境についても中心市街地の過疎等の現状を考えた場合に、早急な解決を期待することは困難である。政府は、このような現状を見直して新たな計画を制度化するとしているが、これらを市場経済に傾斜、依存する態勢を改めない限り、目的への到達は難しいと考える。

国会の質問に、市場機能の活用と社会的弱者への配慮軽視の懸念があった。住宅の理念やセーフティーネット機能について、住宅における格差を指摘している。

「住宅ストック量の充足や少子高齢化と人口・世帯の減少を理由に、量から質への住宅政策の転換を行うとしている。これらの現象は容易に予見されたものである。にもかかわらず、これまで量的供給を優先するスキームを維持し、方針転換を遅らせてきたのは、政府の無定見と怠慢である」、「昨年末に発覚した耐震強度偽装は、住宅の質に対する無頓着さを示すものである。不況になる度に、内需拡大の手段として住宅取得の税制、住宅金融の拡大が図られた。消費者においても、自分のライフスタイルに合わせて住宅を選ぶということができず、支援策や金利に左右されてきた」（〇六・四・十一衆議院本会議議事録）。

このような基本問題が指摘され質疑が行われたが、法案は衆議院委員会付託から参議院委員会の可決まで約二か月と、異例の短期間で法律が制定・公布されている。

ところで審議会答申には、住宅政策に関する基本法制定の必要性が報告されている。住宅需要の減少での新たな局面で、いままでの制度的枠組みを見直し、住宅政策に関する基本法制と新たな計画体系を整備する必要性を提言している。答申や基本法の内容についてはすでに触れており、キーワードは「ストックの重視」と「市場原理」であることは述べた。市場については疑問視されているが、別の視点から市場について考えてみる。

そもそも政府の市場介入には、「市場の失敗」への対策、再配分政策、政府の失敗への相殺措置の三つがあるとされる。端的にいうならば、戦後の住宅政策は旧借家法の規制によって発生した失敗への相殺として理解できる。「正当の事由」という規制が災いして民間借家が供給されなかったので、公営住宅をセーフティーネットとして提供せざるを得なかった事情がある。このため、余る民間住宅を活用できない非効率をもたらしたとの指摘である。定期借家権の導入で、公営住宅に代わり民間住宅（家賃補助）に切り替えることも可能となったが、これらは今後の住宅政策のあり方を示唆するものである。借家の根本的な歪みが取り除かれたことで、民間借家の活用の道が開かれたということである。

公営住宅について触れる。公営住宅には二つの意味があるとされる。一つは、低所得者層などの住宅困窮者の居住の場を確保するという権利としての意味、もう一つは、住宅の広さや性能など集合住宅として現に存在する空間としての意味である。

前者は、時代により「権利」の意味が変化している。かつては、公営住宅に入居することは、そこを踏み台にして次のよりよい住宅に移行するためのものであった。しかし九〇年代以降は、経済成長の衰退や高齢化などのために、文字通りのセーフティーネットの意味に変わっている。後者にもいろいろな議論があるが、現在の公営住宅がぜいたくすぎないかという指摘である。住宅困窮者に対する住宅の提供としての意味合いから、近傍の住宅や環境に比べて身の丈以上を感じさせないかということである。

次に、公営住宅の地域空間の質についてである。公営住宅に貧困世帯や高齢者ばかりを集めてしまう結果、地域から断絶して相互扶助や自治が働かないいびつなものになってしまう。これは、貧困層だけでなく中間層や子育て層を入居させて、多様な住まいにすべきとの指摘である。さらに、公営住宅を解体して、民間活力を導入する考えもある。その一部に真の貧困層が混在することが理想ともいえる。答申でも、こうした流れからバランスのとれたコミュニティーを形成すべきとしている。

しかしその結果、解体によって減少した公営住宅（セーフティーネットとしての公営住宅）はどうなるか。家賃補助をしない限り、「借り上げ住宅」が必要となる。これまでのことから、答申でも指摘されている「街なか居住」の推進が現実味を帯びてくることになる。

住生活基本法の効用には、その他にもいろいろなものが挙げられるが、果たしてその実効性はどうなのだろうか。先にみたように、わが国の住宅ストックは持ち家約二九〇〇万戸、賃貸住宅約一七〇〇万戸となっている。賃貸住宅のうち二二〇万戸が公営住宅である（図表21・九二頁参照）。ここでの問題は、地方公共団体の財政逼迫のあおりで、住宅供給の削減や維持手段の変更が行われるのではないか、という懸念である。

論議があった税財政改革（三位一体改革・地方への補助金、税源、地方交付税の扱い）は一応の結末がついたが、その後も地方からの国庫支出の要望は続いている。〇九年度当初予算では、国から自治体に配分される地方交付税交付金は一六・五兆円で、国の一般会計（八八・五兆円）の一八％を超える。項目では社会保障費、国債費に次ぐ割合である。

しかし財政面からの縛りは、公営住宅のあり方にも影響することは間違いない。国も地方も、いままで聖域とされた社会福祉・教育・治安の分野にも踏み込んだ。かつて、道路や河川などが優先され住宅が粗末にされた時代があったが、住生活基本法の理念と新たな制度の効用が発揮されることを願っている。

2　住生活基本法の影響

基本法は、法の性格からして包括的な内容となっている。しかし、土地基本法と住生活基本法では影響範囲が異なる。土地基本法が理念を掲げ間接的に誘導するのに対して、住生活基本法は理念とともに直接に指示をする形を取っている。したがって、基本施策や計画その他の細部にわたっている。このことを踏まえて、住生活基本法がもたらす影響について考える。

住宅関連法の態様

住生活基本法の附則に、法律制定にともなう関係法律の改正が規定されているが、これらは、住生活基本法に直接影響される関係法である。列挙すると、次のようになる。

○住宅建設計画法（昭和四十一年法律第一〇〇号）
○公営住宅法（昭和二十六年法律第一九三号）
○都市計画法（昭和四十三年法律第一〇〇号）
○都市再開発法（昭和四十四年法律第三八号）
○大都市地域における住宅及び住宅地の供給の促進に関する特別措置法（昭和五十年法律第六七号・大都市法）
○良質な賃貸住宅等の供給の促進に関する特別措置法（平成十一年法律第二六号・良質住宅供給法）
○高齢者の居住安定の確保に関する法律（平成十三年法律第二六号・高齢者居住法）
○マンションの建替えの円滑化等に関する法律（平成十四年法律第七八号・円滑化法）
○独立行政法人住宅金融支援機構法（平成十七年法律第八二号・住宅支援機構法）
○国土交通省設置法（平成十一年法律第一〇〇号・国交省設置法）

以上が住宅基本法の関係法だが、その他にも関連するものに次のものが挙げられる。

○権利に関するもの――借地借家法、不動産登記法
○制限または規制に関するもの――土地基本法、国土利用計画法、建築基準法、宅地造成規制法
○需給に関するもの――住宅金融公庫法、住宅の品質確保の促進等に関する法律
○評価に関するもの――不動産の鑑定評価に関する法律、地価公示法
○取引に関するもの――宅地建物取引業法

○管理に関するもの――建物の区分所有等に関する法律、マンションの管理の適正化の推進に関する法律

このように既存の法律の上に基本法が制定されたわけだが、その影響について国民に十分な理解が得られているかは疑問である。さらに基本法の法案化についても、過去八回に及ぶ議員立法として提出されたにもかかわらず、いずれも審議未了となった経緯がある。基本法の法的性格を考えた場合に、これまで制定されなかったものが、政策の転換とはいえ今回突如として制定されたことに不自然さを感じている（〇六・四・十一衆議院本会議議事録）。

関係法への影響をみると次のように要約される。

○住宅建設計画法――八期にわたる住宅五か年計画の目的達成により廃止し、新たに住生活基本法を制定した（住生活基本法附則第二条）。

○公営住宅法――公営住宅の整備は、住宅建設計画法の都道府県住宅建設五か年計画に基づいたが、住生活基本法の都道府県計画によることになった（公営住宅法第六条ほか）。

○都市計画法――都市計画に、大都市法に規定する住宅市街地の開発整備の方針を定めるが、その該当条項を改めた（都市計画法第七条の二ほか）。

○都市再開発法――再開発組合の参加組合員となる者は、住生活基本法に規定する公営住宅等を

建設する者とされた（都市再開発法第一三条ほか）。

○大都市法――住宅および住宅地の供給に関する基本方針の規定が削られ、住生活基本法の都道府県計画に適合するよう定められた（大都市法第四条ほか）。

○良質住宅供給法――住宅建設五か年計画を、全国計画に改めた（良質住宅供給法第三条）。

○高齢者居住法――基本方針に、住生活基本法の全国計画との調和が盛り込まれた（高齢者居住法三第条三項）。

○円滑化法――基本方針に、住生活基本法の全国計画との調和が盛り込まれた（円滑化法第四条三項）。

○住宅金融公庫法――住宅金融公庫の融資を、住宅支援機構の融資に改めた（住宅金融公庫法附則第三二条一項二号）。

○国交省設置法――社会資本整備審議会の所管事項に、住生活基本法が加えられた（国交省設置法第一三条一項三号）。

関係法の態様に変化を及ぼすものに、「住生活基本計画」としての全国計画およびこれに即して定める都道府県計画がある。そこで、これらについて述べる。

全国計画は、政府が基本理念にのっとり住生活の安定の確保および向上の促進に関する施策の総合的かつ計画的な推進を図るために策定する基本的な計画とされる。

計画に定める事項

①計画期間
②住生活の安定の確保及び向上の促進に関する施策についての基本的な方針
③国民の住生活の安定の確保及び向上の促進に関する目標
④目標を達成するために必要と認められる住生活の安定の確保及び向上の促進に関する施策であって基本的なものに関する事項
⑤東京都、大阪府その他の住宅に対する需要が著しく多い都道府県として政令で定める都道府県における住宅の供給等及び住宅地の供給の促進に関する事項
⑥その他住生活の安定の確保及び向上の促進に関する施策を総合的かつ計画的に推進するために必要な事項

なお、この計画は閣議決定を要することとしているほか、作成にあたり国民の意見を反映する措置を講じたり、関係行政機関との協議、社会資本整備審議会および都道府県の意見を聴くことが法定されている。その他、計画に対して政策の評価が行われることになっている（住生活基本法第一五条〜第一六条）。

都道府県計画は、全国計画に即して、それぞれの都道府県が作成するものである。内容的には全国計画と同様だが、計画期間における区域内の公営住宅の供給の目標量、三大都市圏における住宅および住宅地の供給を図る重点地域に関する事項が加えられている（住生活基本法第一七条）。

それでは「住生活基本計画（案）」として作成された全国計画および都道府県計画はどのようなものか、み

てみよう。

住生活基本計画（全国計画）の概要（〇六・九・十九閣議決定）

○住生活基本法に基づき、住生活安定向上施策を総合的に推進するために策定

○計画期間は、平成十八年度から平成二十七年度までの一〇年間

基本的な方針

・住宅の位置づけと住生活安定向上施策の意義

・施策についての横断的視点

ストック重視	市場重視	福祉、街づくり等関連する施策分野との連携	地域の実状を踏まえたきめ細やかな対応

目標・成果指標・基本的な施策

目標設定の前提として「住宅性能水準」「住環境水準」「居住面積水準（最低・誘導）」を設定

（第八期住宅建設五か年計画の各水準を基本とし、内容・表現を再検証・充実した。）

[図表 23] 住生活基本計画（全国計画）

目標	成果指標	基本的な施策
良質な住宅ストックの形成および将来世代への承継	・新耐震基準適合率 ・共用部分のデザイン化率 ・省エネルギー対策率 ・リフォームの実施率 ・修繕積立金の設定割合	・耐震診断・改修等の促進、的確な規制 ・ユニバーサルデザインの促進 ・省エネ性能など住宅環境性能の向上 ・長寿命住宅の普及、リフォームの促進 ・マンションの計画修繕、再生の促進
良好な居住環境の形成	・重点密集市街地の整備率 ・危険な造成地の箇所数	・基盤整備と規制緩和の一体的推進 ・宅地耐震化、浸水・土砂災害対策の推進 ・建築協定の街並み、景観・緑の形成 ・都心居住・街なか居住の促進、再生支援
多様なニーズが実現できる住宅市場の環境整備	・住宅性能表示の実施率 ・既存住宅の流通シェア ・住宅の金利の活用期間 ・子育て世帯の誘導居住面積水準達成率	・性能表示制度の普及、住宅価格査定の市場環境の整備 ・長期固定ローンの住宅金融市場の整備 ・税制措置で無理ない住宅取得の支援 ・持ち家の賃貸化、子育て支援 ・技術開発、木造住宅生産体制の整備
居住安定の確保	・最低居住面積水準未満率 ・高齢者住宅バリアフリー化率	・低所得者への公営住宅の供給 ・各種公的賃貸住宅の一体的運用と活用 ・高齢者等への民間賃貸住宅情報の提供 ・公的住宅と福祉施設の一体的な運用

○大都市圏における住宅・住宅地の供給
・地域属性に応じた施策の推進
○施策の推進
・関係者の連携、協力
・政策評価の実施と、おおむね五年後の計画の見直し
・統計調査の充実

次に、全国計画における「成果指標」の設定について検証する。

○設定方針――基本計画の四つの目標の全国的な達成状況を、定量的に測定するために設定
・全国的・社会的に重要な項目
・統計データにより現状把握、フォローアップが可能な項目
・住居・居住環境等はストック全体の状況、市場状況はフローを示す。

[図表24] 住生活基本計画（全国計画）における成果指標

項目	成果指標
基礎的安全性 高齢社会対応 地球環境対策 適切な維持管理 （長寿命化）	・ストックの新耐震基準適合率（75%→90%） ・共同住宅共用部のバリアフリー化率（10%→25%） ・省エネルギー対策率（18%→40%） ・リフォームの実施率〈年間・ストック総数〉(2.4%→5%) ・修繕積立金を設定しているマンションの割合（20%→50%）
住宅市街地の基礎的安全性	・重点改善する密集市街地（8000ヘクタール）の整備率（0%→おおむね100%） ・地震時に危険な大規模造成地の箇所数（約1000か所→約500か所）
適切な情報提供 循環型市場形成 （長寿命化） ミスマッチ解消 （子育て支援）	・住宅性能表示の実施率〈新築〉（16%→50%） ・既存住宅の流通シェア〈既存＋新築〉（13%→23%） ・滅失住宅の利活用期間〈築後平均年数〉（約30年→約40年） ＊住宅の滅失率〈5年間・ストック〉（8%→7%） ・子育て世帯（構成員に18歳未満の者が含まれる世帯）の誘導居住面積水準達成率（全国34%→50%・大都市28%→45%）
住宅困窮者対策 高齢者の安全・安心の確保	・最低居住面積水準未満率（早期に解決） ・高齢者のいる住宅のバリアフリー化率 〈一定のバリアフリー〉（29%→75%） 〈高度のバリアフリー〉（6.7%→25%）

続いて、目標設定の前提となる各種「水準」の設定についてみる。これらの水準には、「住宅性能水準」、「住環境水準」および「居住面積水準」がある。住宅性能水準は、居住者ニーズや社会的な要請に応える機能・性能を持つ良好な住宅ストックを形成するための指針となる。

住環境水準は、地域の実情に応じた居住環境の確保のための指針となるもので、現状の把握や課題の設定によって、整備・誘導等の方向を示す要素である。

居住面積水準は、世帯数に応じた豊かな住生活の実現のために必要とされる住宅の面積に関する水準である。この水準には、住生活にとって必要不可欠な面積とされる最低居住面積水準及び多様なライフスタイルに必要な面積とされる誘導居住面積水準がある。

住宅性能水準

○基本的機能

・居住室の構成・設備水準等

・共同住宅の共同施設

○居住性能

・耐震性、防火性、防犯性、耐久性、維持管理等への配慮、断熱性、室内空気環境、採光、遮音性、高齢者等への配慮、その他

○外部性能

・環境性能（省エネルギー、地域材・再生建材の利用、建設・解体時の廃棄物の削減等）

・外観等（周辺との調和等）

住環境水準

○安全・安心
・地震・大規模火災に対する安全性
・自然災害に対する安全性
・日常生活の安全性
・環境阻害の防止

○美しさ・豊かさ
・緑、市街地の空間のゆとり・景観

○持続性
・良好なコミュニティー・市街地の持続性
・環境負荷への配慮

○日常生活サービスへのアクセスのしやすさ
・高齢者・子育て世帯等の各種生活サービスへのアクセスのしやすさ
・バリアフリー

＊地方公共団体が基本計画を策定する際に、住環境水準に関する指標を例示

［図表 25］居住面積水準

	単身者	２人以上の世帯
最低居住面積水準	25㎡	10㎡×世帯人数＋10㎡
誘導居住面積水準		
（一般誘導）	55㎡	25㎡×世帯人数＋25㎡
（都市居住型）	40㎡	20㎡×世帯人数＋15㎡

（注）世帯人数は６歳未満の者は 0.5 人として算定

各都道府県は全国計画をもとに独自の計画を立案し、市町村などとも連携して推進することになっている。多くの都道府県は以前から「住宅マスタープラン」を作成しているが、住生活基本法の施行にあわせて独自の視点を加えた新たな都道府県計画を策定している。

以下に、東京都と大阪府（いずれも〇七年三月作成）の計画をみてみる。

東京都

〇基本的な方向
・良質な住宅ストックと良好な住環境の形成
・住宅市場の環境整備
・都民の居住の安定確保
〇今後一〇年間で重視する視点（一〇の目標）
・住まいの安全・安心の確保
・世代を超えて住み継がれる住宅まちづくり

〇都独自の成果指標
・都心地域（センター・コア・エリア）の住宅建設戸数
↓二〇〇六年度から一〇年度の累計で二三万戸

・多摩産材の住宅等への使用量
↓二〇〇四年度〇・九六万立方メートルから一五年度三万立方メートル（例）「東村山市本町地区プロジェクト」
・高齢者の入居を拒まない賃貸住宅の登録戸数
↓二〇〇六年度末累計約一万五〇〇〇戸から一五年度末累計一〇万戸

大阪府

○基本目標
・安全な住まいとまち
・安心して暮らせる住まいとまち
・さまざまな暮らしが選べる住まいとまち
・活力あるコミュニティーに支えられる住まいとまち
・次世代に継承できる住まいとまち
○重点とする施策（四分野）
・民間分野
・公共分野
・協働分野
・危機管理分野
○具体的な施策

・ストック活用を促すリフォーム市場の健全育成（例）「大阪府リフォーム・マイスター制度」
・分譲マンションの維持管理対策の強化
・民間賃貸住宅の入居差別や取引などの差別の解消
・子育てしやすい住環境の整備

政策実現へのアプローチ

すでに述べているように、土地政策と住宅政策はそれぞれが単独では存在しないことは明らかで、二つの政策も同磁位となっている。

「土地政策の役割は、土地という公共の利害に関係する特性を持つ財を、質の高い国民生活の実現と国民経済の持続的な発展に資するために、社会的・経済的に適正な利用を確保すること、ならびにそのための市場の条件整備を行うことである。また、住宅政策も計画的な供給を通じて住宅不足の解消や居住水準の向上等に成果を上げてきた。しかし、国民のライフスタイルや家族形態が多様化し、社会経済情勢が変化する中で豊かな住生活を実現するためには、制度の枠組みを見直す必要がある」

以上は、「国土審議会企画部会報告―土地政策の再構築―」および「社会資本整備審議会答申―新たな住宅政策に対応した制度的枠組み―」の冒頭部分をアレンジしたものである。このようにみると、土地政策と住宅政策が同根であるのがよくわかる。総括すると図表26のような認識のもとに課題が抽出され、検討が行われたことになる。

[図表26] 土地政策と住宅政策の比較

基本認識	土地政策	住宅政策
社会・経済構造	・人口・世帯数のピークアウトと世帯構造の変化 ・産業構造による土地の変化 ・企業の資産管理意識の変化 ・土地神話の崩壊と根強い持ち家意識 ・居住ニーズの多様化 ・環境・景観への意識の高まり ・土地需要への縮小見込み	・1世帯1住宅の達成と高齢化社会の到来 ・住宅ストックの重視 ・循環型市場の整備 ・所有から利用への意識転換 ・目標水準の提示 ・地域・環境問題への対応 ・住宅需要の縮小見込み
需要の見通し	・住宅地需要の縮小	・住宅需要の縮小
市場と土地・住宅の現状と課題	・地価の個別化 ・質の低い土地ストックの存在 ・土地利用転換による土地ストックの劣化 ・低・未利用地の発生 ・既存土地の利用転換 ・不動産証券化の検討	・住宅利用の多様化 ・空き家ストックの存在と増加 ・住宅ストックの老朽化と価値の低下 ・密集市街地の存在 ・民間住宅の公的住宅化 ・不動産証券化の検討

これらによって、土地政策および住宅政策の基本的な方向づけがされることになるが、その骨子は次のようになる。

土地政策

・基本目標

土地政策の基本的な役割は、一般の財と異なる特性を持つ土地について、公共性のある適正な利用を確保することで、そのための市場を整備することである。したがって、土地ストックが社会における諸活動の基盤として、円滑に再編・再生されることを考える。

・これまでの土地対策からの脱却

地価抑制から土地の有効利用への転換を基本的課題としてきたが、資産デフレの克服のための「バブル崩壊後の負の遺産」対策に重点が置かれてきた。今後は、社会経済の構造的な変化を見据えて、国民生活と民間主導の経済成長の基礎となる土地利用の実現に取り組む。

また、これまでは新規宅地の大量供給による土地ストックの量的拡大を図ってきたが、これからの脱却を検証する必要がある。

・基本理念

土地は多面的な効用を持っているが、個別の土地の効用についても最大となることを基本に考えるべきである。従来は、土地の高度利用が重視されてきたが、これからは環境などの多面的な効用を総合的に考慮した適正な土地利用を実現すべきである。

さらに、今後の人口減少社会では都市の外延的な拡大が終焉していくことが見込まれるので、多様な土地へのニーズに既存の土地ストックが対応できるようにすることが必要である。こうした土地利用の再編・再生は、土地利用計画を前提として市場メカニズムを通じて実現されるべきものである。課題である市場については、市場の特性を踏まえて、透明性の向上や市場機能の効率化などの条件整備をすることが必要である。

住宅政策

・基本目標

良質な性能、住環境および居住サービスを備えた住宅ストックの形成に対応する。加えて、多様な居住ニーズを実現できる市場や住宅の資産価値が評価される市場の環境整備を図る。さらに、賃貸借住宅間の連携や弾力的な住宅セーフティーネットを整備し機能を向上する。

・これまでの土地対策からの脱却

人口・世帯減少社会が到来して、これまでの住宅政策の制度的枠組みは見直しを求められる。わが国の住宅や住環境は、国際的にみても低水準である。

また、住宅の耐震化・密集市街地の解消、防犯性の向上、健康に配慮された住まいの確保などを着実に進めることが必要である。滅失住宅の廃材の削減、高齢者・子育てに適した安心と居住環境やセーフティーネットの確保も重要である。さらに住宅に関する選択肢としての所有から利用重視への転換、住まいの多様化などへの適切な対応の必要がある。

・基本理念

住宅は生活の基盤であり、家族と暮らすかけがえのない空間であるとともに、社会生活を支える拠点でもある。豊かさが実感できる要素として、良質な住宅の供給、良好な居住環境、住宅を購入する者の利益の擁護と増進、低額所得者・高齢者等の居住の安定がある。これらは基本法において位置づけられるものである。また、新たな住宅市場や資産価値の評価などにおいて具現化されるべきものである。さらに、この理念を実現するためには、住宅政策にかかわる国・地方公共団体・事業者・国民がそれぞれの役割を分担して、協力することが必要である。国は政策を総合的に推進する立場で環境整備を行い、地方公共団体は総合的な行政主体として地域での政策展開や役割を果たすべきである。市場において主要な役割を担う事業者は、住宅関連サービスや住環境の形成とともに、情報の開示、公正な取引などを通じて市場の形成に積極的な役割を果たすべきである。国民においても、住宅が個人資産であるのみならず社会的性格を持つことを認識して、これに参画すべきである。

以上が政策としての基本的な方向だが、さらにこれらに基づく個別施策の方針とその進捗をみる。土地政策においては、①適正な土地利用の推進、②土地市場の条件整備、③宅地供給施策の見直し、の三項目の提言がある。うち②の、土地市場の整備について具体的な内容が盛られているので、このことを考えることにする。

土地市場の条件整備

土地市場の条件整備として挙げられているものに、まず、不動産証券化がある。今後、不動産市場と資本市場を効率的につなぐ手法として、この役割が増大すると見込まれる。しかし、証券化をめぐっては、収益不動産市場に関する情報と証券化に関連する制度および担い手の間で次のような取り組みが必要である。

・情報面での取り組み

収益不動産の属性に関する情報（地籍・土壌汚染・地盤・建築物の設計や検査など）が十分に開示されないので、リスク要素となる。また、投資家は、不動産に関するインデックス（指数）を必要とする。このためには、不動産取引事例の情報を十分に活用できる仕組みを整備する（一九一頁参照）。

・制度面での取り組み

不動産保有や信託受益権の設定・移転といった土地所有、取引の形態が多様化しているので、現行制度の検証とあわせてこれらに対応した市場環境の整備を図る（二一一頁参照）。

・担い手の面での取り組み

投資判断の基礎となる収益不動産の評価を担う不動産鑑定士に対して、不動産証券化に対応した鑑定評価の実務（能力）を充実させる。さらに、投資コンサルティングなど鑑定評価以外のサービス提供のあり方などを検討中である（一八九頁参照）。

取引価格情報の提供

「土地市場の条件整備の推進について」（国土審議会土地政策分科会建議）において示されたとおり、市場の透明化、取引の円滑化・活性化を図るためには、全国的に土地の価格に関する情報、土地の属性に関する情報などを整備し、インターネットなどを通じて広く一般に提供することが必要である。

この土地取引価格情報については、すでに、〇六年四月から国土交通省がインターネットで一般公開している。この価格情報については、国土交通省が不動産登記簿をもとに購入者から情報を集め、物件を精査のうえ実勢価格として公表している（http://www.land.mlit.go.jp/webland）。ただ、調査票の回収は任意なので、公示価格との幅がみられるなど情報の精度を高める課題が残っている。また、指定流通機構（宅地建物取引業法）が保有する不動産取引の成約価格に関する情報を活用して、不動産流通市場の動向に関する情報や加工・分析した不動産取引情報の公開も予定されている（一九一頁参照）。

地籍の整備

筆ごとの土地の境界や所有者などの基礎的な情報を示す、地籍の整備が遅れている。都市部で一九％、山村部では三九％（〇四年度末）の整備進捗率である。土地境界の明確化は、取引の円滑化、公共事業などの期間・コストの縮減に役立つものである。

そのため、法務局との連携・協力体制の整備および地籍調査以外の他の事業による成果の採用が検討されている。

地籍の整備には、従来の地籍調査に加えて土地区画整理事業が効果を発揮している。土地区画整理事業として行う地籍の確定には、土地の入れ替え、面積の変更が可能であり、登記に係る課税もない。従来の地籍確定には、公共施設の整備改善の視点が強く技術基準も硬直的な面があったが、細分化敷地の再生や地区の街づくりを目的とする敷地整序型区画整理事業にあっては、宅地利用増進の視点もあり、技術基準にも弾力的な運用がみられる。

地籍の未整備地域にあっては、調査時点の古い公図や精度の劣る複刻地図を使用するので、地籍混乱の発生要因にもなりかねない。これらは、信用力の低下、手間や費用の増加を招くことになる。さらには、公共事業の用地取得や土地の流動化を阻害することにもなる。これらの地籍の混乱解消には、①地権者による訂正、②登記官による訂正、③地籍調査の実施、④区画整理事業による修正、が考えられる。

〇六年一月から不動産登記法の改正により「筆界特定制度」が始まった。土地の範囲を区画する筆界を、登記官が特定する制度である。通常、境界確定の訴訟を起こすものを登記官が確定することは、トラブルの早い解決や土地の流動化に貢献するものと期待される。

土地属性に関する情報システムの整備

さまざまな行政機関が土地に関する情報を収集・管理しているが、土地市場の活性化などの観点からは、これらの情報に容易にアクセスできることが必要である。すでに一部の自治体では、保有する土地情報をＧＩＳ（地理情報システム）を利用して提供する取り組みが始まっている。

また、民間企業による画像サービスが、不動産鑑定士の保有データを活用して土地情報の提供を始めた。これは、衛星画像データや国土地理院地図などに公示価格・路線価などがインプットされたもので、インターネットによるスポット機能・検索機能を持っている。今後も、これらの情報システムの登場が予想される。

定期借地権制度の改善

土地をめぐる情勢の変化を背景に、定期借地権制度の役割も変化している。定期借地権は、一般借地権、建物譲渡借地権、事業用借地権の三種類に分けられるが、うち事業用借地権の存続期間は「一〇年以上二〇年以下」とされていた。

事業用借地の実態は、主に都心部低未利用地や郊外部での商業施設に多い。最近では、湾岸部の大型商業施設にもみられる。景気停滞から回復の過程で、土地保有リスクを避けたい企業からの不要土地が放出されている。定期借地権は、事業者（借地人）にとっては取得コストを抑えた土地利用が可能となり、土地所有者にとっても土地活用が期待できる。しかし、二〇年以下で建物除却という借地条件では、事業者に十分な経営効果を与えられないことにもなる。このため、事業用借地権の多様化と建物の耐用年数を踏まえた対応が必要となる。こうした課題に〇七年に借地借家法が改正され、事業用借地権の存続期間の上限を五〇年に引き上げる措置がなされた。

ところで、定期借地権の一時金として保証金なり権利金が支払われる。通常、土地価格の一〇〜二〇%が相場とされている。これらの一時金の運用益に地代を加えたものが、土地所有者の実質地代利回りとなる。土地所有者からみると、保証金は預かり金で地代や原状回復の担保、権利金は借地権設定の対価だが一時金課税の対象となる。そのほかにも敷金としての授受もあるが、名目はともかく地代の補填にほかならない。一方、事業者の立場では、保証金は資金を長期に寝かせることになり、権利金は借地契約終了時の全額損失計上までは償却できない。これらは、キャッシュフローを重視する経営環境にあっては好ましくないものである。

この問題を解消するために、一時金（保証金あるいは権利金）を地代（賃料）の前払いとする取り扱いがなされた。この措置では、一定の契約に沿って地代の前払いとして一時金の授受を行う場合は、課税上、土地所有者は「前受収益」、事業者は「前払費用」として期間償却の対象となる（〇五・一・七国税庁回答）。

このような措置は、単に定期借地権の活用の促進に止まらず、所有と利用の分離による土地の有効活用策として貢献するものと考えられる。

次に住宅政策に移る。新たな制度的枠組みの下での政策展開には、六つの基本的・横断的な視点を持っている。これらを挙げると次のようになる。

①市場重視の政策展開と消費者政策の確立
②ストック重視の政策展開
③福祉、まちづくり等との連携強化
④地域の実情を踏まえたきめ細かな政策展開
⑤住宅関連産業の健全な発展
⑥統計調査の充実

先にも述べているように、住生活基本計画（全国計画）はこれらの視点から作成されているが、これを踏まえて次のように重点的な取り組みがされている。ここで、重点施策分野をその進捗状況を含めて確認してみる。

市場重視型の新たな住宅金融システムの整備

わが国の住宅金融市場においては、近年、特殊法人等整理合理化計画に基づく住宅金融公庫の融資が段階的に縮小している。その中で、民間金融機関の住宅ローンの貸出が増加している。

民間金融機関による住宅ローンの金利は、変動・短期固定型が大半を占める。変動・短期固定型ローンを利用する場合、将来の金利上昇によって返済額が増加し、生活設計に影響することが懸念される。このため、長期固定型ローンの安定的な供給が必要とされるが、預貯金などを主な原資とする民間金融機関では限定される。また、これらにかかわらず、消費者の需要に対応できるよう証券化市場の整備が求められる。

ここで、金利について触れる。〇一年から続けられてきた日銀の量的緩和政策が〇六年三月に解除され、本来の金利政策に戻った。さらに〇六年七月には五年四か月ぶりに、短期金利（無担保コール翌日物金利）を〇%に抑えていた「ゼロ金利政策」も解除された。

短期金利の誘導目標水準を年〇・二五%に引き上げ、公定歩合（補完貸付制度の基準金利）も年〇・一%から〇・四%に引き上げた。

短期金利が上昇すると、住宅ローンの金利も上昇する。住宅ローン金利は今年に入り、長期金利に連動する形で何回か引き上げられている。固定金利型の場合、期間ごとの市場金利をもとに、毎月水準を見直している。変動金利型の場合は、短期プライムレート（企業向け融資の基準金利）に一%を上乗せして決める例が多い。短期プライムレートは短期の市場金利を基準に適宜決められるが、これまで多くの金融機関では据え置かれたままだったが、短期金利が本格的に上昇し始めれば上がる可能性が多い（一六頁参照）。

住宅金融公庫に代わって独立行政法人住宅金融支援機構が設置されたが、次のような役割を持たされている。
○証券化支援業務の積極的推進
長期・固定金利の民間住宅ローンに実績は拡大しているが、安定的に供給されるように証券化業務を積極的に推進する。
○住宅融資保険制度の推進
住宅金融公庫の住宅融資保険は、信用補完として中小金融機関をはじめとする民間住宅ローンの安定供給を支援する役割を果たしている。今後とも、円滑に対応できるよう推進する。
○住宅の質の確保・誘導
公庫融資は、金利優遇や融資額の割り増し、技術基準への適合を要件として、住宅の質の確保に貢献してきた。今後は、証券化支援業務の枠組みで、これを推進すべきである。
○民間では困難な融資への対応
新たな融資業務は、政策として重要だがリスクが高く、民間では対応が困難な分野（災害対応、都市居住再生、高齢者の返済特例等）に限定する。なお、個人融資については今後に判断する。
○住宅関連情報の提供
住宅金融公庫または新法人が蓄積した情報を、住宅取得者・住宅関連事業者等に提供する。
○返済困難者対策
既往債権を引き継ぐ新法人においても、返済困難者に対してきめ細やかな対応を行う。
○その他
リバース・モーゲージやノンリコースローン（返済が担保の範囲に限定される非遡及型の融資）の

ような民間では困難なパイロットファイナンス等の方策を検討する。

住宅市場における重点分野

市場重視の政策を進めるには、金融のほかに、税制、規制の整備、情報の提供などの政策手法の役割が大きくなる。特に、税制については充実を図ることを検討すべきである。こうした政策手法を整合的に実施することによって、今後発展が見込まれる中古住宅流通、住宅リフォーム市場、賃貸住宅市場、マンション市場の整備を重点的に行う必要がある。

・中古住宅流通・住宅リフォーム市場の整備

良質な住宅が適切に維持管理されて、中古住宅市場で流通されることは、重要な課題である。中古住宅には、価格の手頃さ、街並みやコミュニティーの成熟といった特徴があって、居住の選択肢の拡大につながる。さらに資産としての側面からも、流通市場を整備することは重要である。これらを促進するためには、まず、安心して取引できる環境づくりが必要になる。これには、不動産流通業者による消費者への的確な情報提供や従業者の資質の向上などにより、消費者の信頼を高めることである。また行政においても、中古住宅の価格・質等に関する情報・評価の手法の充実を図るべきである。

現在、指定流通機構による市況情報の提供が行われているが、住宅性能表示制度の普及や住宅履歴書について検討すべきである。さらには、価格査定のためのマニュアルの普及と見直しも必要である。

中古住宅の有効活用については、定期借家制度による賃貸化やリバース・モーゲージなども、住宅政策として検討されるべきである。そのため、住み替えを支援する税制、活用方法についての情報や相談できる体制が必要になる。良質な住宅ストックを形成するには、新築時から将来にわたって維持管理や流通できる住宅の質の確保が大切である。このためには、建築基準法による完了検査や住宅性能表示の制度活用を促進すべきである。

また、住宅躯体の長期耐用性や内装の可変性などの特性を持っているスケルトン・インフィル（ＳＩ）住宅の普及に努める。

住宅リフォームのトラブルが社会問題化するケースもみられるが、リフォームは住宅の性能向上のためには欠かせないものである。さまざまな業者が参入するリフォーム市場においては、信頼できる業者の選択が重要になる。行政においても、引き続き業者に関する情報提供や相談体制の充実に取り組むこととする。

・賃貸住宅市場の整備

住み替えの自由度が高い賃貸住宅は、今後の住宅市場において重要性を増すと考えられる。入退去が円滑に行えるように、透明性が高い賃貸住宅市場を形成すべきである。これまでの旧借家法の下では借家の供給が円滑に行われなかった事情があったが、一九九一年の借地借家法の制定によって、家主の立場（貸家条件）が改善されている。しかし、個人所有の賃貸住宅には良質なストックが少なく、老朽木造住宅の建て替えや環境整備などの多くの課題を残したままになっている（一八頁参照）。

また、都市部での賃貸住宅は床面積も狭く、ファミリー世帯や高齢者向けのストックが不足している。これらの賃貸住宅の確保には、これまでの旧公団・公社住宅等が持つ住環境を生かした賃貸住宅の再整備や民間が良質な賃貸住宅を供給しやすい事業環境づくりを心掛けるべきである。

さらには、既存の戸建て住宅やマンションなどの持ち家ストックの活用を検討すべきである。これには、定期借家権の普及を図るなどの賃貸住宅の供給手法を多様化することも必要である。事業者借り上げによるサブリース契約についても、より円滑になるルールづくりを進めるべきである。

・マンション市場の整備

マンションのストックが約四七〇万戸となって、国民の一割に相当する約一二〇〇万人が居住している。半数以上の区分所有者がマンションを〝終の住処〟と考えている。マンションは都市部を中心に重要な居住形態として定着し、独立した住宅市場となっている。

しかし、築後三〇年を経過したマンションは約一〇〇万戸にも及ぶとされており、スラム化の問題も指摘されている。ストックの資産価値が維持されるよう適切な管理、修繕が行われ、あるいは建て替えが行われるように、制度・支援策の普及や改善を図る必要がある。

さらに、マンション流通市場の活性化や消費者保護の観点から、マンション管理業者による適正な管理の確保を図るべきである。加えて、小規模マンションの賃貸化の進展による管理のあり方やコーポラティブ住宅の供給方策についても検討すべきである。

・住宅セーフティーネットの機能向上に向けた公的賃貸住宅制度の再構築

戦後の住宅政策で重要な役割を果たしてきた公的賃貸住宅のあり方についても、社会経済情勢の変化の中で制度の根本的見直しを行うことが必要である。その際も、市場から自力で適正な居住水準の住宅を確保できない者については、住宅セーフティーネットとして市場全体を視野に入れた施策の再構築が必要である。

このような考えの下で、これまで住宅セーフティーネットの中心的役割を担ってきた公的賃貸住宅については、少子高齢化の進展、居住の多様化などの変化を踏まえて施策を見直す。ただし、財政制約などの状況の変化の中で、公的賃貸住宅のみを柱として国民の居住の安定を図ることはもはや困難である。今後は、賃貸住宅市場全体で重層的で柔軟な住宅セーフティーネットを構築すべきである。

・適正で効果的な公的賃貸住宅の供給

公営住宅の供給の適正化については、まず国民所得、民間賃貸住宅の家賃などの変化を踏まえた入居対象者の収入基準の点検を恒常的に行うべきである。この場合には、所得水準、家賃水準の地域格差や生活保護者・高齢者への緩和措置も検討されるべきである。

入居者の選定にあたっては、住宅困窮事情が反映されることが必要であり、高額の資産所有者の入居実態も指摘されていることから、資産所有を考慮事項とする仕組みを検討する。また、犯罪被害者、ＤＶ（ドメスティック・バイオレンス）被害者など緊急に住宅を提供する必要がある者に対する措置も検討すべきである。さらには、入居機会の公平性を確保するために公営住宅の定期借家制度（期限付き入居）の活用も考えるべきである。

公営住宅の家賃負担水準については、民間賃貸住宅の家賃の実態を踏まえると、著しく公平性を欠く状況も生じている。公営住宅家賃の適正化を図る観点からも、入居者の負担能力に応じた家賃（応能部分）や立地条件、規模等に応じた係数（応益部分）の見直しを行うべきである。収入超過者に対する割増家賃や便益の違いを家賃へ反映させるなど、仕組みの構築を図るべきである。

公営住宅の供給は、地域住宅計画（都道府県計画）に基づき地方公共団体と国が協力して進めることになる。公営住宅の整備については、既存のストックの活用、福祉との連携、活力ある都市・地域づくりも視野に入れたものとする。また、民間住宅の買い取り・借り上げやＰＦＩによる整備なども進めるべきである。

また、公営住宅の管理については、新たに導入された管理代行制度や指定管理者制度、民間委託などを活用することも必要である。

ファミリー向けの比較的規模の大きい賃貸住宅やバリアフリー対応がされた住宅の供給は、今後とも促進することが必要だが、当面は、地域住宅協議会を活用して各事業主体の連携を図り、特定優良賃貸住宅を弾力的に運用する機能を強化すべきである。また、広域的な住宅需要に対応するために供給されてきた再生機構住宅のストックについては、地域の住宅政策の中で位置づけして有効に活用すべきである。

・住宅セーフティーネットの機能向上に向けた賃貸住宅市場の整備

賃貸住宅市場に住宅セーフティー機能を持たせるには、中古住宅・住宅リフォーム市場の環境整備が、まず必要である。このような中で、高齢者、障害者、幼児を持つ世帯などの入居制限をなくさなければならない。また、地方公共団体と公益法人、ＮＰＯなどとの連携による高齢者等の支援の取り組みも、住宅政策に位置づけることを検討すべきである。

公営住宅への入居・非入居の存在、コミュニティーバランスの低下などの問題を解消するためには、民間住宅を活用した家賃補助が効率の高い政策手段である。しかし、制度として家賃補助を導入するということは、生活保護との関係や財政負担など整理すべき課題が多い。当面は、民間住宅を借り上げて、公営住宅として低めの家賃で提供することなどを検討する。

・地域政策への貢献

人口減少が続く中、地域の活性化・再生が課題となっているが、定住人口を確保する観点から公的賃貸住宅を戦略的に供給することも考えられる。このためには、地域の住宅政策を総合的に展開することを目的とした地域住宅交付金を活用すべきである。また、公的賃貸住宅ストックを活用して、密集市街地の整備を行うことを考えることも検討する。

大規模な公営住宅団地では、高齢化の進展によりコミュニティーバランスが低下し、地域社会の維持が困難な事例もみられる。このような状況には民間施設、民間住宅の導入など弾力的な団地の再編を行うことにより再生を図るべきである。

・将来世代に継承できる良質な社会資産の形成

賃貸住宅にあっても、公的住宅が地域の住宅政策を担う役割を考慮し、良好な住環境の形成や耐震化など次世代に継承できるレベルの住宅ストックを形成することが必要である。

市街地における居住環境整備の推進

市街地における居住環境の整備については、人口減少社会や少子高齢化、環境問題への対応が求められる中で、これまでの拡散型からコンパクトな市街地形成と転換していく必要がある。また、資産価値を維持するという観点から居住環境の整備の必要性が高まっていることなどを踏まえ、行政や住民、企業などの連携により地域主導へと転換することも必要になる。

・大都市における居住環境のあり方

東京圏をはじめわが国の大都市は、諸外国や数十年前に比べて中心部の居住人口が低水準にとどまっている。一方で、物品購入や医療、通勤・通学の利便性から都心居住のニーズは高く、特に高齢者におけるこうしたニーズが強まっている。このため、都心共同住宅供給事業などの補助制度、総合設計や地区計画といった誘導手法の活用により都心部における住宅供給を推進する。

かつてニュータウンとして計画的に開発された既存の住宅市街地は、老朽化、陳腐化などの課題が発生している。近い将来、高齢者の急増、構成員の減少によるコミュニティーの崩壊、犯罪など、ストックとしての価値の毀損といった深刻な問題の発生が予想される。これらには、居住環境の再生を図った整備が必要である。

このためには、国が明確な方針を示して、次のような施策を行うべきである。

○住み替え支援および既存住宅市街地の土地利用の見直しや就業・起業支援

○ユニバーサルデザイン（年齢・身体能力にかかわりなく、すべての生活者に適合するデザイン）の採用

○地域の再生を一体的に進めるための組織づくり

大都市圏においては、都市の外延化に伴い住宅市街地の基盤の未整備、私道をめぐる紛争の発生等が指摘されている。加えて近年は、敷地分割によるミニ戸建ての増加、大規模マンション建設についての紛争が発生して、その対応が求められている。

また、これらの地域においても、人口減少や高齢化が進展することでもあり、居住環境を再編して、安心し

て快適に暮らせる徒歩生活圏の形成も進めるべきである。これには、市街地再開発事業、住宅市街地総合整備事業などによる地区の整備を行い、拠点としての各種機能を整備する。

・地方圏における居住環境整備のあり方

地方圏においては、モータリゼーションの進展、住宅地の郊外への拡大、病院・学校・市役所等の郊外移転、大規模商業施設の郊外立地などにより、中心市街地の居住者の減少、地域社会の活力低下、商店街の衰退を来している。

このままでは、高齢者等の活動の低下、環境負荷の増大、公共投資や公共サービスの非効率化を招くといった深刻な事態が加速することになる。

こうした課題に対応するには、中心市街地の活性化などによりコンパクトな市街地の形成を推進して、徒歩生活圏を形成する必要があるが、その際は、地区居住人口の回復を図ることが極めて重要である。

このためには、次のような取り組みが必要と考える。

- ◯地域住宅交付金やまちづくり交付金を活用して、街なか居住を図る。
- ◯地域主導の取り組みとして、地域の身の丈にあった再開発を行う。
- ◯地域主導の取り組みに対する、制度的支援を行う。

さらに郊外部においては、放置住宅、住宅の荒廃といった現象がみられる。一方、団塊の世代といわれる年代の定年退職者の豊かな自然環境への願望が、田園居住ニーズを醸成させていることもある。

これらには、地方都市におけるコンパクトな市街地形成の推進を前提に、選択と集中による居住環境の再編を図ることが必要である。

・密集市街地の解消に向けて

防災上、喫緊の課題となっている密集市街地に対しては、引き続き防災に必要な公共施設の整備、老朽住宅の建て替えなどを強力に推進して、その解消を図ることが必要である。

避難路や緊急車両の進入路を確保するとともに、防災帯を設けるなど地区防災施設の整備を図り、不燃領域率を向上させることが重要である。このため、密集市街地内での防災街区整備事業等の推進や区画道路の整備と建築物の不燃化を短期・集中的に実施しなければならない。これには、地区計画や連担建築物設計制度等を適用する整備手法による地域誘導が肝要である。

公共による密集市街地の防災都市づくりは、震災時の大規模な市街地火災や都市機能の低下の防止を目標に、災害に強い都市構造の確保を基本的な施策としている。延焼遮断帯の整備、避難場所等の拡充などの地域に応じた面的な整備が進められているが、個々の民間建築物の耐震性・耐火性の向上にはほど遠く、支援・誘導の強化策が望まれる。

特に、老朽木造住宅建て替え等の密集市街地の整備・解消については、行政からの適切な指導・助言もなく放置された現状である。今後は、整備のためのコンサルタント派遣などを制度化する必要がある。

以上が政策実現のために講じられる施策アプローチだが、ここで歴史的・時間的な縦軸と方途・方策としての横軸を絡ませながら、「住まいの思想」とか「住まいづくり」について二、三考察したい。

まず、基本法の制定について考える。人はそれぞれに、年代ごとに、居住の経歴からくる「住」へのイメージを持っている。都市と地方、戸建てと集合住宅あるいはマンションや地方色あふれる民家など、住宅の豊かな類型をみることができる。

戦後の荒廃期を経験した者には、バラックから木賃アパートへ、さらに2DKの公営住宅へ移り、団地族を経験した世代もある。郊外に小さな土地を求め、モダンリビングを実現して満足を覚えた世代もある。この世代は貧しさから抜け出して、家族で住生活を楽しむという享受感をようやく覚えた世代でもある。

時代は変わり世代が交替した現在においても、庶民の住宅にかける欲求には変わりがない。住宅ローンや住宅減税の方向を見定めながら、家計を切り詰めながらも住宅に多くの負担をかけている。「衣・食・住」というが、住宅は高価な耐久消費財であり、社会的資産として利用され続ける。そして住宅は、それぞれの風土性を持った町並みとして地域をつくっている。

人口減となり、少子高齢化の社会となっても、年代各層の住宅需要は衰えない。かつて、ウサギ小屋といわれたわが国の住宅規模も、近年は居住スペースも増え、欧米に遜色のない住宅群がみられるようになった。しかし、大都市圏に住む人々は、住むことに対して非常な努力をしている。バブルの崩壊による経済の諸要因の変化によって土地価格が平常化されているようだが、土地代と建設費をあわせた住宅価格はまだまだ高価なものである。

住宅という建物のコストは、市場競争の下でそれなりの合理化が進められいる。他の物価との釣り合いが取れているように思えるが、住宅価格の土地対建物の比は一対一が常識とされていたものが、郊外の建売住宅でも三対一にも及んでいる。

「住まい」の質についての心労も見逃せない。欠陥住宅や耐震偽装問題にとどまらない。住宅性能表示制度や住宅性能保証制度があるが、これとても流通や事後的な補償であって質的な確認を意味していない。既存住宅の約四分の一が耐震性が不十分であるといった状態や大都市における老朽木造住宅の密集地の存在など、住むことについての不安が絶えない。

もっとも、必需的な消費である住宅に不安と心配事が絶えないということは、消費者保護や情報提供が、他の商品情報に比べて著しく立ち遅れているといえる。毎朝配達される新聞には、マンションや土地の販売カタログが分厚く挟まれているが、これとても商品の宣伝であり、消費者として選択のための情報にはなり得ない。

住まいの政策づくりにも壁があった。ようやくにして住生活基本法が制定されたが、過去数回に及ぶ議員立法（案）にもかかわらず成立をみなかった理由はどこにあったのか。法案の審議過程からみても、さしたる問題はなかったはずである。なぜ、住宅は政治から疎んじられてきたのか。政策としての欠落ではなかったか。これには次のことが考えられる。

一つには建設第一主義がある。急激な都市化のために、少しでも多く住宅を建てることに専念したのである。そこでは、住宅が福祉である面と環境の構成要素であることが軽視された。もう一つは、住宅の供給は公共か民間か、という分担論があったことである。そこでは、住み手と自治体による住宅政策への関与がなかった。公営・公団住宅、公庫など、すべてを政府に依存し、自治体レベルの住宅政策の責任が不明確であったのである。

次に、住宅の市場化について考える。人と住宅を仲立ちするのが住宅市場である。市場の形成の前に、住み手の立場はどうかを考えることが大切である。家庭の機能変化、生活サービスの社会化、高齢化の進行、余暇時間の活用などの社会の動きの中で、改めて「住」にとっての家族とコミュニティーとは何かが問われることになる。住空間を媒体として、人間集団・環境・社会制度を再考して将来の構図を描いてみることは、新しい展望をもたらすに違いない。「住」の営みを社会的に位置づけ、その基盤となる制度の点検を住み手の立場から明らかにしていく必要がある。

戦前の住宅の型には、農家や町家、職人の家、長屋とタイプがはっきりしていた。戦後の昭和四十年代（一九六五年代）になると、郊外に小さな戸建て住宅ができ、やがて分譲団地がつくられるようになった。昭和五十年代には、わが国の住宅供給方式が大きく変わり、受注生産から量的見込み生産へと移行した。つまり、宅地のみの販売から建売住宅の分譲販売へと付加価値の高い方式に転換したことである。

住宅の商品性が市場での需要調査により進められ、販売戦略が取られるようになった。かつての注文住宅のような住み手と工務店との対話に代わって、売れ行きのよい無個性な住宅が大量に建設されている。昭和六十年代になると、初期のプレハブのハードな生産技術を超えてファッション性やイメージが重視され、商品の差別化が住宅にも及んだ。

住宅は「生活の器」であるとともに、経済成長にとっての内需拡大の重要な投資産業である。国は宅地開発、住宅産業の進展を図り、住宅金融・税制の特別措置を行って、民間企業を支援する構図が続いている。今後構築される住宅市場のシステムも、この延長と考えてもよい。しかし、建築家も棟梁も表に登場しない、いわば、つくり手の顔がみえないのが現代の住宅である。

さて、住宅市場におけるフローとストックを全体としてどのように把握すればよいか。まず、リフォームがある。建て替えや住み替えもある。空き家は中古市場に出されても、市場価値を失った住宅は除却されることになる。質の高い住宅を供給すれば、住み替えもあって住宅供給の効果が上がる。これからの政策に求められるものは、地域の事情とニーズにあわせたストックと長期使用に耐える良質の住宅建設を誘導することである。だが、大都市圏では地価の高止まりもあって、住宅の質が圧迫されかねない事情もある。落ち着いたたずまいの住宅と町並み、所有しても譲渡しても価値のあるストックの実現には、まだ遠い感じがしている。

最後に、住文化について触れたい。住宅と文化というと難しく考えられるが、それぞれの国、地域にもそれなりの風土にあわせた住文化はある。わが国でも確たる住宅の伝承は、平安時代にまでさかのぼるといわれる。住文化とは、それぞれの時代、それぞれの環境において、住むことにかかわる空間と行動の両面から生まれるものであるといえる。

住文化の主体は〝住み手〟であるとしても、現代ではせいぜい賢い消費者になれるかという存在でしかない。個人や地域が楽しく居住することを考え、工夫と経験を蓄えて世代を超えて次に残すことが住文化である。それ故に、大切なことは住文化を保障する社会的基盤をつくることである。

その一つは住宅政策の改革である。国も自治体も住まいの問題を政治課題とすることである。二つめは、〝住み手〟自身の住まいに関する意識の問題である。厳しい住宅事情の下で、住文化というテーマが虚ろに聞こえるかも知れない。住宅とはこんなものと半ば諦めがちである。しかし、居住事情がどのように成り立っているか、その仕組みを知ることで課題がはっきりする。さらには、これをなんらかの行動に移すことである。

そうすれば、住文化の形成者としての立場が明瞭になるはずである。

ところで、住生活基本法の第七条二項に「国及び地方公共団体の責務」として、「住宅の建設における木材の使用に関する伝統的な技術の継承及び向上」の規定が盛り込まれている。基本法としては、一見、不自然に感ずる規定である。当初は、わが国の風土、古来の資源にあわせて木材の有効活用を考えることを義務づけているのかと一瞥していたが、とんでもない間違いを犯すところだった。この規定は、わが国の住文化の根源が木造建築にあることを示唆し、これを大切に伝承することを義務づけるものと考えた。

すでにわが国は、木の建築の国ではなくなっている。有史以来、ほとんど木造建築で通してきて、戦前はもとより戦後のしばらくまでは九〇％の比率であった。それを都市化にともなう文明の結果とするには、あまりにもお粗末である。防火規制の建築法規のせいとするには、何かうなずけないものがある。この際、伝承と文化とは何かを考え、しかるべき方途を見出さなければならない。

かつて、住宅とはこのようなものとの規範があった。しかし現在では、商品としての住宅イメージが大きな影響を持っている。個性とゆとりを表現できる住宅様式を実現できるのか、この意味からも住宅と環境にかかわる学習と創作の機会を持つことが大切と考えられる。それとともに住宅が生活の器としてあるものならば、〝住み手〟と対照の位置にある〝作り手〟である建築家や棟梁は、住宅の商品化の時代であっても、住み手や社会に対してどのように住まいの問題を投げ掛け、何を要求すべきかを考えなければならない時に来ているのではあるまいか。

もう一つの側面として、生産に携わる人たち自身も、その生産活動を豊かなものと感じることがなければならない。

豊かな住生活の実現について展望するとき、いろいろなことがらが去来する。ライフスタイルの多様化が、住宅に変化を与えることは理解できる。地域の中でのコミュニティー活動が、さらに活発化することも予想される。人々の住宅や地域における生活時間が長くなれば、住宅や地域に対する要求が生まれることになる。住宅の市場性が重視されて、新築はもとより中古住宅の販売市場も整備されることになる。これらにより、わが国においても住み替えが盛んになり、「住み分け現象」も顕著になることが考えられる。

しかし、このような住生活を展望するためには前提がある。住宅が居住に満足できるものでなければならないし、住環境も住む者自身が担い手とならなければならない。そして、地域に貢献することは、自分自身が地域で豊かな生活をすることにつながると思うからである。

第5章　安全と不動産市場の動向

1　土地と住宅の安全

土地や住宅を考える場合にも、ミクロな視点とマクロな視点からみることが必要と思っている。そして、これらのバランスが取れているかを確認することが重要と考えている。

最終章ではキーワードとして「安全」と「市場」を抽出して、家計や企業の行動、市場での競争や効率性などをみることにした。ここでは、個々の事例から課題を取り上げ、その対応や行動を通じて、「土地と住宅」に関する総括を試みたい。

住宅の安全

耐震構造の偽装問題

「構造計算書偽装事件」は、奇しくも〇五年十一月に開催された住団連主催の公開シンポジウムの会場で知ることになった。テーマは「豊かさが実感できる住生活をめざして」で、住宅・街づくりの基本法の制定を求めるという趣旨であった。

〇六年九月に政府・与党は、「二〇〇年住める家」構想を打ち出している。建て替えをせず、長期間住み続けることができる「長寿命住宅」の普及と、三〇年前後といわれる住宅の寿命を一〇年後に四〇年、五〇年後には最長二〇〇年まで延ばすことを目指して、住宅を変える仕組みを整備するとしていた。しかし、構造計算書偽装事件はこの構想にも水を差すことになり、その進展に影響を与えている。

現在も、この構造計算書偽装事件に関係した元建築士・施工会社や不動産会社の補償や刑事責任が問われているが、同時に民間の指定確認機関のあり方も問題とされた。その後も強度不足のマンションやホテルの存在が全国的に発覚し、大きな社会問題となったことはご存じのとおりである。一方、本来の建築確認機関である行政当局はじめ、発注者の構造計算書の紛失など、建築行政の姿勢にも問題があることも指摘された。このように建築行政全般にわたって国民の信頼が損なわれたことは、過去には例はなく遺憾なことであり適切な対応が望まれている。

事件のその後の推移をみると、マンション居住者の耐震強度に関する懸念が膨らみ、全国のマンション分譲業者は構造計算書の再確認に追われ、四七〇万戸ともいわれる分譲マンションに不安が広がった。倒壊の恐れがあると指摘されたマンションでは約五〇〇戸の居住者の退去もあって、関係者の苦悩は現在も続いている。

倒壊の恐れがあると指摘されたマンションは早期の解体、建て替えが必要だが、所有者に多額の追加費用が生じるため、そのメドが立っていないのが実情である。また、耐震強度の数値指標による「修繕か、建て替えか」の論議もあり、さらには国・自治体の公的支援の是非もあって、その進捗が遅れている。なお、〇九年五月に東京都区部での偽装マンションの判決（和解）があったが、分譲会社の破産もあって元・建築士からの極めて小額な補償と行政からの遺憾の表意にとどまっている。

そもそも、建築確認・検査の民間への解放は規制緩和による民間参入を認めた結果だが、本来は建築行政の十分な実施体制が確保できない状況を打破するために行われたものでもあった。官民の役割分担の見直しによって、的確で効率的な建築行政を求めたものにほかならない。

この制度の導入時（九八年）の行政の執行体制をみると、全国での建築着工件数は年間約一一〇万件、これに対して建築確認を担当する建築主事数は約一八〇〇人であった。建築主事一人当たりにすると年間六〇〇件にもなり、絶対的な要員不足の状態が続いていた。諸外国に比較してもわが国の建築行政職員数は少なく、人口一〇万人当たりでみても五分の一の規模である。そこで、これまで建築主事が行ってきた確認・検査業務を民間機関（指定確認検査機関）でも行うことができるようにした。

当然に民間機関にも必要な審査能力と公正中立な処理が求められるもので、指定基準に適合する厳格な審査が行われたが、審査手続き等については、民間機関が自主的に決めることができることとされた。さらに、建築物の安全性の確保のための制度として、新たに導入された「施工中の中間検査」も行うことができた。いずれも、建築行政での事務量の増大に配慮した措置とも考えられるが、この運用が問題を生じさせる隙間を与えることになった。民間機関の指定は、このような事情によって九九年に参入が始まり促進が図られたものだが、民間同士の競争ということもあって、確認・検査の迅速性は建築主の評価を得たものである。当初は二一機関で発足したがマンションブームなどで新規参入が増え、民間機関による建築確認件数は全体の五割を超えて現在では官民の比率が逆転している。

一部の建築士や民間機関による違法や不適切な行為によって建築行政への信頼が大きく損なわれたが、制度自体ではなく運用に問題があったものと考えられる。耐震偽装事件では建築業界全体の信用不安を引き起こしたが、信頼回復には業界の意識改革とともに法制度の見直しが求められた。

耐震偽装の再発防止策として、建築基準法および建築士法が改正された。建築基準法では、建築士への罰則強化や建築確認・検査体制の厳格化が行われ、建築士法では構造設計と設備設計を専門とする一級建築士の資格が創設された（〇六年六月および〇六年十二月）。

さらに国土交通省は、建築構造を専門とする学校教員、一〇年以上の実務経験者などを対象とした講習会や試験を実施した。ここでは、「偽装された構造計算書」を見破ることができるかの実技試験があることになっている。当初の国土交通省の改革案では、一級建築士全員に新たな試験を受験させ、不合格の場合は一級建築士の資格を認めないとしていた。法律を改正し、高度な建築知識・技能を持つかどうかを調べる試験を念頭に置いていたが、約三〇万人ともいわれる現資格者の反発などにより結果として罰則の強化にとどまっている。なお、建築構造および設備設計の専門資格については、当初どおりの決着をみている。

現代では社会活動に資格を必要とするものが、すこぶる多い。資格がなければ何事もできない仕組みとなっている。資格は社会的に必要なものとされているが、個々の業務にみえない制約を与えている。また、「資格」という身分や地位を得るために費やされる学習が、マイナスを負っていることも事実である。

このように多くの免許資格が、何らかの事件発生や問題の処理対策として、更新の際に講習を義務づけているのが実態である。現在の数多くの国家資格のなかで、免許取得後にこれらの措置が講じられないものは極めて少ない。一度取得すれば生涯にわたって免許が継続するという資格制度は、もはや社会の変化や行動に対応できないことを意味しているのではないか。

住宅の品質保証と欠陥補償

欠陥住宅とは、契約に基づいて供給された住宅が、住宅（建築物）として要求される品質・性能を備えていない場合である。広義には、内装の仕様や鉄筋の太さを対象に含むこともある。欠陥とされる現象の主なものに、「傾き」、「雨漏り」、「亀裂」の三つがある。目にみえる現象の陰には、必ず原因となる欠陥がある。例えば、木造住宅の在来軸組工法では壁量の不足や接合部不良、マンションの鉄筋コンクリート造では鉄筋数の不足やコンクリートの「かぶり厚」などの強度不足がある。鉄骨造では、溶接が完全でないものが指摘される。住宅の地盤改良には直接基礎（布基礎）が採られるのが多いが、地盤の強度（地耐力）不足が「傾き・亀裂」の原因につながる。

耐震偽装事件の売り主が経営破綻したため欠陥住宅の補償ができなかったことなどを踏まえて、被害者救済の立場から二〇〇〇年に施行された「品質確保促進等に関する法律」を補完する「特定住宅瑕疵担保責任履行確保に関する法律」が制定され、欠陥住宅の補償に必要な資金を保険・供託することを売り主に義務づける内容となっている。

ところで現在、住まいの安心を保証するための制度として「住宅性能表示制度」と「住宅性能保証制度」の二つがあるが、これらは似て非なるものである。

住宅性能表示は、前述の「品確法」と呼ばれている法律に基づくもので、新築住宅のうち基礎・柱・壁など構造耐力上の主要な部分について、一〇年以内に欠陥が生じた場合には売り主に補修を請求することができることが定められている。さらに、耐久性や省エネルギー性など住宅の品質を格付けする鑑定書に当たる表示制度でもあり、国では新築住宅の五〇％の普及を目標としている。この性能の目安は、この制度と同時に定めら

［図表27］欠陥住宅の保険

引受会社	国土交通省が指定した住宅瑕疵担保責任保険法人
保険料	一戸建て　（床面積120㎡）　6万7,000～9万2,000円 マンション（床面積75㎡）　4万6,000～6万7,000円
保険金	上限2,000万円 売り主には補修費の80%、売り主倒産時は買い主に同100%

（備考）保険料は住宅保険法人ごとに異なる。

れた日本住宅性能表示基準に適合することが求められる。

一方、住宅性能保証は、住宅に欠陥があった場合に補修工事を実施することを保証した保険商品を指すもので、「住宅瑕疵保証制度」とも呼ばれている。どちらの制度も住宅の欠陥補修を保障するものだが、その意味合いの違いを知っておくべきである。

欠陥住宅の保険（住宅性能保証）の普及が遅れていたが、〇九年一〇月からは売り主の工務店や不動産会社などはすべて強制加入、または保険に入る代わりに一定の保証金を法務局に供託することになった。この「住宅瑕疵担保保険」は、住宅の引き渡しから一〇年以内に雨漏りなどの欠陥が見つかれば、買い主は販売業者に補修を要求することができる。業者は補修費用分の保険金を住宅保険法人に請求するが、仮に業者が倒産した場合は買い主が直接に保険法人に請求する。

現在、国土交通省が指定している住宅瑕疵担保責任保険法人は五社あるが、資本金が小さいため損害保険会社に再保険をしている。しかし、強制加入によって、損害保険会社は大きな損失が発生する可能性があるマンションなどの契約を受けることも迫られるので、難色を示してきた。

そこで、官民による巨額損失に備えた再保険である「超過損害プール」が設立されることになった。この保険制度は、損害保険各社があらかじめ共同で保険料を拠出し、最大枠で一二五億円まで保険金を支払い、それでも不足すれば政府の基金で補うというものである。住宅購入者は、マンションなどで欠陥があっても確実に補修される。これによって、欠陥住宅の補償制度が維持できることになる。

住宅の基礎的な安全性について、住生活基本計画では耐震診断・改修等の促進を挙げている。その到達目標として、耐震基準適合住宅の比率を七五％→九〇％に伸ばしたいと考えている。そのための税制からの支援策として、〇七年の所得税申告から住宅耐震改修をした場合に、特別控除としてその費用の一〇％（最高二〇万円）の税額控除がされたことになっている。

多様化する賃貸住宅

利用という面からの住宅の安全策として、高齢者等へのバリアフリーも大切である。老人介護も「施設」から「自宅」へという流れのなかで、いわゆる「小規模多機能施設」やグループホームでも、日常生活に根差した施設の安全対応が求められている。

〇六年に住宅政策の転換を行った国土交通省は、新たな賃貸住宅制度を創設した。この住宅は、公営住宅を補完する意味合いを持つもので、高齢者世帯、子育て世帯、障害者世帯などを入居対象としている。供給される住宅の質は、高齢者等にとって安全、安心、快適性の保障をうたっている。これらは地域の住宅事情に配慮するもので、地方自治体が策定する住生活基本計画（都道府県計画）の新しい施策ともなっている。

賃貸住宅は大別して民間と公営があり、居住対象も低所得者から貧困層、さらには健常者から被養護・介護者を対象としたものと多様である。そこでは、住宅と福祉の分野が混合する態様となっており、それぞれの立場からの対策が講じられている。居住形態からみれば、一般向けに「マンション・アパート」と「公営住宅」、

「機構（公団）・公社住宅」がある。これらには低家賃の「特定優良賃貸住宅（特優賃）」が含まれる。高齢者向けには、「高齢者専用賃貸住宅（高専賃）」や特別養護老人ホームなどの多様な介護施設がある（二五頁参照）。

高齢化にともなう問題は、従来から年金・医療・介護の対象として論じられてきたが、実態をみるとそうではない。年齢階層別に医療や介護を受けている人口をみると、八五歳を過ぎると過半数が医療や介護の対象になるが、六五歳～八五歳の多くは健康であるという調査結果がある。これまでは高齢者が定年を迎え年金生活に入ると、「余生を送る」というイメージでとらえられたが、健康で充実した人生の一時期として位置づけられる。したがって、生活にとって欠かせない住宅の確保や管理が必要となり、居住形態が多様になるなかでの住宅の選択が大切となる。

高齢者の住宅の選択は難しい。医療や介護をはじめ、加齢による居住条件が求められるからである。例えば、持ち家の場合は、バリアフリーや移住・住み替えが考えられる。リバース・モーゲージもある。在宅介護が可能ならばそれでよいが、事情で介護が難しいとなると特別養護老人ホームや介護つきの有料老人ホームなどへの入居も考えねばならない。借家の場合には、バリアフリーで高齢世帯の入居を拒まない「高専賃」がある。「高専賃」は賃貸で一時金の支払いがないので、利用しやすい。これには、病院の高齢者住宅の兼営が認められるので、入院している高齢者の受け入れも期待される。

家賃負担を軽減した賃貸住宅に、「特優賃」がある。中堅所得者層のファミリー世帯を対象としたもので、国と自治体から建設資金や入居者の家賃補助などが助成される住宅である。一般賃貸住宅よりは入居条件が厳しく、世帯所得と家族数による所得区分で家賃が決まる。入居者は本来の契約家賃から家賃補助額を差し引いた額を払うことになるが、敷金や共益費などは別途必要である。注意することは、家賃（入居負担金）額は契約家賃に達するまで毎年三・五％ずつ値上がりすることで、最終的には契約家賃と同額になって家賃補助がなくなる点である。

「特優賃」は全国で一五万戸弱（〇七年）あるが、自治体や公社のほか民間事業者が手掛けるものもある。東京都では「都民住宅」と呼ばれ、自治体によって名称は異なる。東京都N区の事例では、「特優賃」集合住宅（3LDK・約七〇平方メートル）の場合で、契約家賃月約一四万円に対して家賃補助が月約二万円となっている。なお、これに類するものとして、「ファミリー世帯家賃助成」や「新婚世帯向け家賃補助」などの独自の家賃助成制度を設けている自治体もある。

住宅の防災

住宅の安全対策で緊急を要するのは「耐震化」であるが、所有者の経済的な負担もあって改修が進んでいない（三二頁参照）。自治体の耐震化支援も、財政難のために効果が上がっていない。大地震で倒壊の恐れのある耐震性が不十分な住宅は、既存住宅の四分の一に当たる約一一五〇万戸と推計されている。耐震改修に補助制度を設けている市町村は、戸建てで四七・六％、マンションでは一七・八％（〇九年四月）に止まっている。

国は〇六年一月の改正耐震改修促進法の施行以来、全国の自治体に補助制度の導入を求めているが、地方の財政難を背景に伸び悩んでいる。補助制度は、国と自治体が改修費用の三分の二を補助する仕組みで、改修に必要な耐震診断の費用も補助している。

さらに安全対策として、「住宅用火災報知器」の設置がある。消防法の改正（市町村の火災予防条例により取りつけ期限や維持基準が定められる）により新築住宅は〇六年六月から、既存住宅についても〇九年五月までにすべての住宅に火災報知器を設置することが義務づけられている。寝室や階段に煙式の警報器、台所のコンロには煙式または熱式の警報器が設置されることになる。〇九年三月に高齢者介護施設（グループホーム）の火災により一〇人が死亡する事故があった。一〇年三月には、認知症高齢者グループホームの火災で七人が死亡。住宅火災の死者は、毎年一〇〇〇人を超えている。半数以上が高齢者で、多くは逃げ遅れによるもので、その大半は就寝中に起きている。火災報知器の設置は、こうした現状に則した措置とされている。

しかし、住宅への火災報知器の設置にも問題がある。約四七〇〇万戸を超える既存住宅の一割に当たるマンションを除いた一般住宅が、設置の対象となることだ。設置に対する行政からの補助などは考えられていないから、費用（一個四〇〇〇円～一万円）の全額が所有者の負担となる。果たして、この方針どおりに実行されるかは疑問視される。全国での一般住宅の火災報知器の普及率をみると、四五・九％と低い結果となっている（〇九年三月消防庁推計）。なお、住宅よりも規制が緩い宿泊できる小規模な社会福祉施設や簡易宿泊所では設置が任意となっているが、全国で三万か所のすべてに国費で設置することにしている。

火災報知器とは別に、「老人ホーム」の安全の問題がある。厚生労働省と国土交通省が〇九年五月に実施した全国の「無届け有料老人ホーム」の実態調査の結果である。

まず、厚生労働省の調査では、五二五施設のうち八〇施設が一つの部屋に複数を居住させたり、夜間に介護者がいないというものである。高齢者を入居させ、食事を提供する施設は、有料老人ホームとして届け出の義務がある。無届け施設は三九都道府県で確認されたが、都道府県別では神奈川（九二）、東京（五〇）、千葉

（四一）など関東地方に集中している。指導対象となった施設が多かったのは東京都で、半数以上の四六施設に上っている。

さらに国土交通省の調査では、無届け老人ホームの約六割の施設に非常用照明が設置されていないなどの建築基準法違反が指摘されている。法律違反があったのは二五八施設で、非常用照明施設のほか間仕切り、換気扇などの防災措置の不備が目立っている。違反施設の数でも、神奈川・東京・千葉と上記と同様な順位となっている。

高齢者の命を預かる施設にしては、いろいろな違反件数が多すぎる。やむなく「終の住処」としている事情もあるが、「住む」ことと「安全」は同位置に置かれなければならない。日本と同様に介護保険を導入しているドイツでは、介護施設の検査制度がある。介護保険の審査・認定機関（ＭＤＫ）が、すべての老人介護ホームを統一基準に基づき検査して五段階評価をしているという。

ドイツでも、職員不足から入居者が放置されるなどの不十分な介護実態があった。このような状況になった原因の一つに、老人ホームに関する客観的な情報が乏しいことがあった。ＭＤＫによる検査は施設や作業のほか、介護の質も対象とする。今後は入居者を観察し、質問することを重点にするという。介護の質のほか、生活環境なども評価の対象となり、総合的な判断指標としての性格も強まることになる。これらは、今後の日本の参考になりそうである。

住宅の防犯

ネガティブな面だが、住宅の防犯について触れなくてはならない。最近、マンションなどで多発している押し込み強盗の手口は、階段の陰などに隠れていて、帰宅した居住者もろとも侵入するという。泥棒は、居住者を目隠しし、拷問のように少しずつ切りつける。そして最後に殺している。あるいは、口封じのために強姦し、被害者は泣き寝入りという犯罪もある。わが国では、特に中高層の共同住宅において犯罪が急増しているという。〝鍵一つ〟で安全という神話を崩壊させた。

防犯カメラやオートロックなどの集合住宅の防犯対策が進められてきたが、九〇年代の犯罪増加は設計段階から防犯に配慮する機運を強めた。これらには、〇一年の国土交通省の「防犯に配慮した共同住宅に係る設計指針」や防犯住宅に割増融資する「地方公共団体施策住宅特別加算制度」がある。戸建て住宅は各住宅メーカーが独自の防犯住宅を開発してきたが、体系的な指針はまだ整備されていない。ただ、〇五年に「日本住宅性能表示基準」および「評価方法基準」に〝防犯〟の項目が追加されている。

主婦を対象にした住宅に関するアンケートで、もっとも必要とされる住宅設備のトップは防犯である。これまでは「収納」や「キッチン」に関するニーズが多かったが、このところの凶悪事件続きで、家族や子供を守ることができる住宅を第一に考えるようになったということだった。いつ誰が襲われても不思議でない時代が来てしまったことを認識しなければならない。

「鍵」については、ピッキング被害の多発以来、関心が高い。防犯のための「声紋認識ドア」やセキュリティー会社もあるが完全には機能しない。飼い犬の猛犬も役には立つが、万全とはいえない。また被害に遭えば、トラウマも心痛となる。住宅に防犯が求められることは悲しい現実だが、相応の心構えが必要である。

住宅ローン金利

住宅政策の柱となって五〇年余の歴史を持つ住宅金融公庫が、〇七年四月から主として民間ローンを支援する独立行政法人「住宅金融支援機構」に移行した。これまでの公庫融資は、国の住宅政策に基づき直接融資を行ってきた。これからは直接融資から撤退し、民間銀行での長期固定金利の住宅ローンを安定供給できるよう支援する（一五頁参照）。

主要業務となるのは、すでに「フラット35」として実施している民間住宅ローンの証券化支援事業である。公庫は民間銀行の住宅ローン債権を集め、モーゲージ担保証券（ＭＢＳ：mortgage backed securities）を発行する。そして、ＭＢＳを機関投資家などに販売して得た資金を、長期固定金利の住宅ローンの融資原資として民間銀行に提供する。

ＭＢＳは、米国の代表的な資産担保証券（asset backed securities）で、住宅ローン債権の流動化をねらって発行されたもので、住宅ローンをプールして信託した受益証券である。日本では、九九年に初めて発行された。住宅金融公庫は、〇五年から五五兆円に及ぶ既存の住宅ローンの証券化に着手している。ＭＢＳの発行を急増させる方針であり、日本でもＭＢＳ市場が拡大しそうだ。

住宅ローン金利は一〇年国債の利回り、短期プライムレートなどを参考にして決められる。一定期間金利は変わらない「固定型」と、短プラに連動する「変動型」の二種類がある。固定型は、三～五年と期間の短いものから最長三五年までである。期間が長いものを選ぶと金利は高くなるが、返済額をあらかじめ確定できる。金利の上昇局面を迎えて民間の金融機関は、変動リスクを限定する商品を投入している。変動型・短期固定と長期固定を組み合わせた「ミックス型」も登場している（一六頁参照）。

一〇〇兆円を上回る住宅ローン残高のうち六~七割が、一〇年以下の固定金利や変動金利型といわれる。本格的な金利上昇が予想されるなかで、住宅ローン利用者は金利変動によるリスクの回避が迫られる。日銀の量的緩和政策の期間中であった〇一年~〇四年には、変動型や三年固定型の住宅ローン金利は年二・二%~二・三%で推移していた。一〇年を超える長期固定型の割合が一割程度まで下がった時期もある。超低金利が続いたことで、利用者の金利上昇への警戒感が薄らいだ結果だが、ここへ来て長期固定型にシフトする動きが出てきた。ただ、切り替えには手数料がかかる。米国では住宅ローン利用者を保護する法律が整備されているというが、日本では投資信託などのリスク商品の説明を義務づけているにしても、住宅ローンについては各金融機関に任されている。法制度の面から消費者保護の対策が望まれる。

市場金利が緩やかではあるが上昇傾向にあるので、住宅ローンも金利を固定する動きが広まっている。多くの金融機関は住宅金融支援機構と提携して「フラット35」を取り扱っているが、一部の大手銀行には独自の固定型ローンもある。ただ、フラット35と大手銀行の固定ローンでは、借入可能額や金利、借入時の負担や返済手数料が異なるので注意を要する。

このところの住宅ローン市場で、住宅メーカーやノンバンクの住宅ローン専門会社(モーゲージバンク)のシェアが伸びている。フラット35に絞ってみると、〇六年度では全体の四七%と拡大している。都市銀行や地方銀行に比べて借入金利が低いので、住宅ローンの「脱銀行」が進んでいるという。住宅ローン専門会社は支援機構と提携すれば、住宅ローンをすぐに証券化して新たな財源を得ることができる。現在二一社ある。

これには、住宅金融支援機構のフラット35の取扱件数の鈍化にともなう商品性の改善が、住宅ローン専門会社の業務拡大を後押ししているとみられている。

所有か賃貸か

持ち家志向が強いとされる国民の居住意識も、ライフステージにあわせて家を住み替えるには、借家がより簡便で効率的と考えられるようになってきた。選択には人それぞれの考え方があるが、その背景には金銭的な束縛を忌避する人生設計のあり方もうかがえる。

そこで、選択の目安となるトータルな金銭負担を計算して、どちらが有利なのかを試算することになる。しかし、現時点での損得の判断は困難である。将来のマンション価格は不透明だし、先の家賃は読めない。持ち家も借家もそれぞれに得失があるが、損得勘定より、仕事や家族環境などから自分の居住スタイルを決めて選ぶべきである。要は、金銭負担では所有も賃貸もあまり変わりがない「試算」があることに留意することである。

総務省では「住宅・土地統計調査」で、五年ごとの全国の空き家を推計している。〇八年調査では、全国に七五六万戸の空き家があると報告されている。

空き家は一貫して増加し空き家率は九八年に一割を超えたが、この時点では一三・一%となっている。空き家は貸し家が四〇九万戸、分譲住宅が三四万戸と多く、約六〇%を占める。少子高齢化などにより世帯構造が大きく変化しているが、各世帯の需要を本格的に満たすには空き家や中古住宅市場に依存するしかない。これには持ち家の賃貸化や子育て支援によるミスマッチの解消を図ることも大切である。

日本に今欠けているのが厚みのある中古住宅市場である。中古住宅には新築住宅に比べて、価格やコミュニティーの成熟度からみても優位性が認められる。中古住宅流通を活性化するためのオークション（auction：

競売）市場や住宅リフォームの確実な実行を保証する体制も求められることになる。

中古の戸建て住宅を売却する場合には、上物部分はほぼゼロで評価される。この場合にリフォームして売りやすい中古住宅に改修して、子育て世代へ売却する「住み替え支援事業」がある。住宅会社が団塊世代などの住み替え希望者から過去に販売した住宅を買い取り、改修して若年層に販売する「オーナー住宅買い取り再生事業」もある。住宅を手放さず現金収入を図る「リバース・モーゲージ」も、民間銀行や自治体で行っている。

また大手住宅メーカーでは、自社で建築・販売した住宅を買い取り、リフォームしたうえで再販売する事業を行っている。中古住宅市場が拡大するという判断で、流通を活性化している。基礎や構造体を除いた部分を大幅に改修し、耐震や断熱性能を高めるほか、最新のオール電化を導入して新築同様にしている。一〇年間の品質保証つきで、土地代を除いて新築物件の七割程度の価格となっている。

中古住宅の活用法は、いろいろな方法が考えられる。自分の人生設計にあわせ、加えて社会の要請に応える方途を選択する時代となっている。

住宅生産と安全

戦前の日本人は住居観が明瞭で、農家や町屋、あるいは長屋と、住宅の型（タイプ）がはっきりしていた。昭和十年代（一九三〇年代）の大都市では、長屋形式の借家が全住宅の八割を占めていたという。注文住宅を建てるということは、ごく限られていた。これが昭和四十年代になると、サラリーマン層を中心に、小さな戸建て住宅が建てられるようになった。玄関・客室を配し、個室があり、台所を広くしたリビングなど、平面も外観も思い思いのものが出現した。これらは住慣習の伝統的な型から解放された、家族の生活欲求に応じた住宅のタイプといえる。核家族化、洋風化、小独立住宅、ＤＫに代表されるこれらの住宅には、都市化と高度成長のもとで〝住み手〟も〝作り手〟もモダンリビングの創出に熱中した。

昭和五十年代になると、建て売りという商品化住宅が出現した。ここでは、ミニ開発の建売住宅や分譲マンションの供給が行われた。「商品」としてよく売れる住宅が、市場での需要調査に基づく販売戦略によって進められたことになる。プレハブ住宅は生産技術を駆使して発展したが、昭和六十年代になると、いわゆる「商品の差別化」が住宅にも及んだ。インテリアや設備などリビング空間の演出に開発の重点が移されている。

現在の多くの住宅は、工業製品の寄せ集めともいえる。木造であれば、基礎と骨組み以外は集成材である工業製品である。通販のようにカタログで選び、それらを組み合わせて住宅となる。住宅建材としての工業製品が生まれた背景には、〝安く、早く〟という市場からの要求がある。

かつての住宅は、土と石、木と紙などの国産の自然素材でつくられたが、戦後の復興期の住宅需要や高度成長期では、木材などの建築資材は輸入で賄われた。現在でも廉価な外国材が主流で、わが国の森林の荒廃と林業の衰退に影響を及ぼしている。一時は外圧による輸入増の影響もあったが、国産材の希少による高騰によって外国材の輸入は止まらない。しかし、外国材の木肌は日本の住宅の造作には不向きで、見た目だけの銘木、つまり木目印刷の合板などの偽造木材が使われている。木質系の集成材は、木材と同様な素材感と耐水性に勝る点があり、内装材として床・階段や縁側などに適している。

低価格と容易な施工を追及する過程で発生したのが、「シックハウス」である。アスベストと同様にその有害性が指摘されていたにもかかわらず放置されてきた。室内の空気に存在する化学物質が主因と考えられている。厚生労働省は、九七年からホルムアルデヒドなど一三種類の室内濃度指針値を発表し、〇三年には建築基準法にシックハウス対策が盛り込まれた。

シックハウス症候群や化学物資過敏性などの健康被害は、診断方法やそのメカニズムに不解明な部分が多いといわれる。こうした状況のなかでシックハウス対策には、使用される材料（内装・収納・塗料など）の吟味、換気施設の具備、使用者への健康リスクの説明義務の三点が必要と考える。

異なる建築工法

かつて一九八〇年代の日米経済摩擦の解消策として、住宅の輸入促進が政治課題となったことがある。日本古来の軸組工法に対する枠組壁工法（ウッドフレーム工法）のツーバイフォー住宅である。北米で実績のある住宅生産システムであるが、構造体の中心的役割を果たす外壁材、屋根材などの合板が日本の建築基準法や融資仕様書に抵触するので拒否された。理由は、防火地域制にある。

防火地域制は、日本では都市計画上の制限の一つで、建物の外壁や屋根を耐火・防火構造にするように義務づけられている。しかし北米では、このような土地利用規制としての防火地域制はなく、建物単体の防火性能規制となっていた。この日米の相違は、市街地火災に対する基本的な違いから生じている。アメリカでは市街地の建築密度など火災延焼の危険性の観点から定められるが、日本では個々の建物でなく市街地としての火災危険性の排除という観点が強い。この木造に対する過剰な排斥は、都市から木造住宅を放逐し町並み景観を容赦なく壊す結果ともなった。

木材に関する日米構造協議の結果、九一年に木造三階建て（一〇〇〇平方メートル以下）の建築ができるように建築基準法が改正された。さらに九三年には、延べ面積三〇〇〇平方メートルにまで拡大している。これまで日本では、木造建築物は構造材料が可燃材料だから、木造によって耐火建築物はできないと考えられてきた。北米では木造によって耐火建築物を建設してきた長い歴史があり、七二年のサンフランシスコ地震でも木造建築物の強さが実証されている。

厳密な意味では工業生産された商品化住宅とは異なるが、生産過程が類似するツーバイフォー住宅について触れる。その前に、建築工法の概要について知らなければならない。

日本では欧米というと、すべてを一つの概念でくくってしまうが、北米の住宅は西欧の建築工法には縛られていない。これまで北米では、豊かな森林資源を活用して、木造による軸組構造の工法を開発した。一方、ドイツでは組積造構造を主体とした工法をとっている。窓をみればわかるように、西欧の窓はゴシック建築にみられる縦長窓である。これは組積造工法では、アーチやボルト等の高度な技術を使わない限り開口部を取ることが困難だったからである。北米では木材を無尽蔵に使うことで、横長窓や大きな開口部を取ることができた。

ツーバイフォーとは、文字どおり「2×4」のことである。五種類の製材形状（2×4・2×6・2×8・2×10・2×12インチ）を、三種類の釘打ち法（面打ち・尻打ち・斜打ち）で組み立てるのが基本である。それに内装合板を打ち付けたものがツーバイフォー住宅である。日本では、これにハウスメーカーが独自の技術を加えている。ところで、輸入されるボード類の幅は四フィート、長さは八フィートから二フィート単位で長くなっている。日本では三尺×六尺が基準寸法である。したがって、日本の住宅業界からは作業性が悪いと批判された。

生産現場では部材を加工・切断せず、そのままの形で使うシステムがとられる。それがモジュール（基本寸法）である。北米は外壁面線にモジュールの基本をおいて内部を設定するが、日本では壁・柱芯線を基準とする。また、日本は構造材が同時に化粧材となるが、北米では構造材と化粧材を別にしている。

日本の伝統的木構造は、温度の変化により膨張・収縮する木材の性格を生かして、「逃げ」の技法が用いられてきた。北米の工法でも、工業化された材料の「逃げ」は施工のルールとして決められ、構造材と窓や扉枠材の間に隙間（クリアランス）がとられている。ところが現在の日本では、構造材直付けのアルミ製建具が付けられたりして、すべての材料は伸縮しないという考えで施工されているのが実態である。

日本化されたフレーム工法といわれる枠組壁工法は、北米のフレーム工法とは厳密な意味での共通点は存在しない。日本の枠組壁工法は在来工法と同じで、北米のフレーム工法の技術や機能、材料を見つけることは不可能といわれる。

現代の建築生産は、建築材料は所定の性能が保証された工業品を使い、現場施工は設計で定められた材料の組み合わせで行うようシステム化されている。それに建築工事では多数の工事が複雑に組み合わされるので、工事の工程管理は欠かせない。北米の住宅は日本に比べて、二割程度多い材料を使うとされている。日本の積算方法では、材料が多いということは工事費が高くなることを意味するが、北米では材料を多く使って労賃を少なくする方策がとられる。これは、建築生産性が高いということである。壁を単位に、同一寸法の材料を並べ合板を張って、一気に仕上げてしまうやり方である。それに接合部はすべて釘打ちであるので、組み立てに要する施工の労働時間は少なくて済むということである。

経営的視点からみると生産の工程管理が大切となるが、北米の「生産時間の短縮」に対して日本では「生産工程の調整」であるといわれる。日本では、生産を時間という軸から考えず、工事全体を経営的にみない欠点があると指摘されている。

北米でも、日本でいうプレハブ住宅は少なくない。しかし、その動機づけがまったく違う。日本のプレハブ化は、建材の節約である。住宅生産は、新材料・新工法という代替の開発で支えられてきた。ベニヤ板と桟木を組み合わせたパネルで住宅を構成する手法（ツーバイフォー）は、木質系プレハブの基本型である。また、軽量型鋼による鉄骨プレハブ住宅やコンクリート板によるプレハブ住宅も、すべて材料節約型を指向した技術である。これらは技術的に高い水準を必要とするので、工場生産を前提とした。

北米のプレハブ化は、基本的には現場施工と同じで、現場で行われる作業を工場に移すだけである。パネルによる工法は、現場が遠隔地であったり、現場作業者の調達が困難な場合に採用される。北米におけるプレハブ化は、生産性と経済性を狙ったものである。

このことは、洋服を作る場合の注文品と既製品の例えに当てはまる。洋服は服地の善し悪しもあるが、採寸や仕立てによって満足が得られる。住宅も、同じである。北米の住宅設計の考え方は洋服と同じで、建売住宅と並んで多いのは建て主が既成の設計図から選ぶ住宅である。理由は異なるが、日本でも一時、住宅金融公庫（現・住宅金融支援機構）が設計図一式を販売したことがある。

プレハブ住宅についての違いを述べたが、特記したいのは日本の生産システムが企業単位で、総合的な建材市場が存在しないということである。ハウスメーカーは建材メーカーの指導で建材ごとの工法を採用し、ハウスメーカーは企業ごとに工務店の系列化を図っている。ハウスメーカーごとの生産体系は、北米から導入された枠組壁工法を歪めている。

企業系列は、結果的に住宅市場を系列ごとに分割した。その結果、住宅市場は大きな規模を持ちながらスケールメリットを生かしきれないでいる。〇八年のプレハブ住宅着工戸数は約一五万戸で、新設着工戸数に占める割合も一四・三％と伸び悩んでいる。

住宅の形態と耐用年数

日本家屋の一番の特徴は、形や様式よりも素材である。夏は高温多湿、冬は乾燥という日本の気候・風土に最も適した住宅建材は木材である。木には湿気を吸収し、放出する性質がある。吸湿性が高いということは、カビや結露を防いで建物を長持ちさせることになる。木の強さは案外知られていない。鉄と比べてみると、同じ太さなら鉄のほうが強いが、同じ重さなら木のほうが強い。引っ張り強度では鉄の四倍、圧縮強度ならコンクリートの五倍という強さがあるという。耐火性についても、ある程度の厚みがあれば表面は焦げても燃えにくい。鉄は加熱すると、急激に弱くなり変形しやすい。

木の床は、柔らかすぎず、堅すぎず、適度の弾力性があって疲労度が少ない。木の家には独特の解放感とぬくもりがある。コンクリートは三〇〇年、鉄は一〇〇年ほどの耐用が考えられるが、法隆寺の木は一四〇〇年も持っている。良い木材を正しく使えば、木の家は一番長持ちする。鉄やコンクリートが強く、木が弱いと考えるのは、知識不足によるものだという。木は、しっかり乾燥させれば腐らない。伐採後、十分に乾燥させた木は強度を増して、強さのピークは約二〇〇年とされている。

「二〇〇年住宅」とか「一〇〇年住宅」が語られているが、ようやく普及の兆しがみえる。数字に特別な意味はなく長寿命の住宅を象徴するものだが、耐久性のある家を維持管理をすることで、世代を超えて使い続ける住まいのあり方を示している。所有者のメリットには資産価値の継続がある。この背景には、住宅の寿命を延ばすことで廃棄物を減らす環境問題がある。これには、中古住宅の売買が活発になる市場の存在と充実が課題となる。住み替えを前提にして、「家は売るもの」という観念を根付かせないと、中古市場は育たない。このことは、住宅の基本的な施策に取り入れられている。

「二〇〇年住宅」の普及を目指す長期優良住宅制度が、〇九年から発足した。日本の住宅寿命が三〇年とされるなかでの耐久性と価格の維持が狙いである。制度での認定を受ければ、住宅ローン減税などの税優遇枠が広がる。ハウスメーカーは、需要回復の起爆剤になると期待している。この制度は、住生活基本法が掲げる住宅の資産価値の向上や中古市場の育成を図るもので、一方では景気減退下での刺激剤の役割を持たされている。

住宅業界ではＰＲを通じて制度の認知度を高めたい意向だが、申請の窓口である自治体の対応がまちまちで、認定手数料などに差異がみられる。有効な施策と考えられるので、小手先にとどまらず行政の本格的な取り組みを望みたい。

［図表 28］長期優良住宅への税の優遇制度

住宅ローン減税	10 年間で最大 600 万円
投資減税	10%の所得税控除
固定資産税	新築減税特例の適用を 2 年延長
不動産取得税	一般住宅よりも控除額を増額
登録免許税	一般住宅よりも税率引き下げ

木材の利用

審議会答申では、住宅生産を住生活をめぐる諸課題への対応策の一つに挙げている。環境問題として、新築住宅の省エネルギー化と住宅生産に国産材を使用することを提言している。国産材の利用は結果として国内の森林整備につながり、温室効果ガスの吸収を高めるからである。

日本の国土の森林率は約六七%、約二五〇〇万ヘクタールといわれる。カナダ五四%、アメリカ三二%、中国一四%、イギリス一〇%となっており、日本は緑で覆われた国である。また、日本の森林の約四〇%が人工林で、うち六〇%が杉であるといわれる。わが国はこのように豊富な森林を持つが、現状は荒廃が進み瀕死の状態にある。経営的にも、山元での立木価格はバブル期には上昇したが、基本的には下落している。森林経営からすると負の資産となり、放置され荒廃が進んでいるのが現状である。

近くの山の木で家をつくろうという、動きがある。東京・秋葉原と茨城県・つくば市を結ぶエクスプレス（TX）が開業して四年を迎えた地区である。沿線では大規模商業施設の開設が相次ぎ、周辺人口が急増してTXの乗客も順調に伸びている。半面、学校や病院などのインフラ整備は遅れがちで、駅ごとの利便にもばらつきが目立っている。いわば、発展途上の〝まち〟である。区画整理地区での住宅着工件数は〇五年は一〇〇戸強だったが、〇八年には三〇〇〇戸近くに急増している。しかし、需要を当て込んだ価格設定は、結果として客離れをもたらし、十分な広さの土地も活用の余地が多く残っている。

その外れに位置するK地区は、「緑住農一体型住宅地」を目指す。地元の人たちは鉄道計画が浮上してから二〇年も〝まちづくり〟の勉強会を続け、自分たちが提供する土地に質・量とも高い緑を残せるかを模索してきた。そして、「夏の緑陰・冬の日照」と緑の景観を主体とする構想をまとめた。地元市と開発を担当した都市機構の支援も約束されている。

この住宅地は、標準規模一〇〇坪の約六割を緑地とする「緑住街区」と同じ率の菜園を持つ「緑住農街区」

からなる。これらは、イギリスのレッチワースやアメリカのビレッジホームズの事例に学んだとしている。土地の利用は、住宅敷地を除く緑地・菜園は地主か地元市のいずれかの利用とし、住宅の建築には地元の産出木材を使うということである。茨城県には、県央から県北にかけて杉や檜の産地がある。県内で手に入る良材を使い、安心・安価な本物の木の家をつくるという算段である。県でも、長年にわたって地域の気候風土に適した「地域適合型木造住宅」の開発研究を進めてきた。〝つくばスタイル〟の木の家を実現しようとしている。

林業の立て直しのために、住宅の輸出がなされている。鹿児島県の木材業者は、地元産の杉材を使った日本の在来工法による住宅を韓国に輸出している。また、中国に輸出する業者もある。従来から丸太の輸出は宮城県や北海道に多かったが、現在では木材とともに使い方までが輸出されている。木材輸出の拡大は、東アジア諸国との住文化の交流を強めることになる。

「二〇〇年住宅」も、林業に転機をもたらすと考える。政府の「超長期住宅先導的モデル事業」に採択された住宅は、大断面で木構造、現しや真壁構造となって、構造体強度を維持する工夫がされている。柱には五寸角（一五センチメートル角）の木材が使われる。戦後の日本住宅の標準だった三・五寸角（一〇・五センチメートル角）に比べて、断面積で二倍以上となる。梁も同様に幅は五寸、高さは一尺（三〇センチメートル）になっている。当然に他の主要部位にも自然材が使われることになるので、木材需要が倍増ということになる。ハウスメーカーの系列化ということもあるが、傘下の提携企業によって、日本全国の地場産材が使われることに期待している。

建築と住文化

住宅は、敷地を含めた住宅のデザインや機能・性能で評価される。米国で高い評価を受ける型（タイプ）は、クラシック様式とされている。現在でも、連邦住宅庁（ＦＨＡ）の融資保険が受けられるのは、クラシック様式の住宅である。消費者は、この様式の「ホームプラン」の中からデザインを選び、年収の三倍程度の住宅をつくることになる。そうすれば、年月を経ても都市の成熟により資産価値は上昇し、確実に再販できることになる。

米国は多様な民族で構成されているが、住宅地をつくるにも「わが街――アワービレッジ・アワーストリート」を意識して、立ち並ぶ住宅のファサードデザインを大切にする。デザインは文化の担い手なのである。この考え方は、欧州各国でも同様である。わが国でも、戦前には建築デザインに個性があり街を形づくっていたが、現状では見失っている。デザインは空間文化として、そこに住む人々の愛着と帰属意識を育てるものといえる。

着工が減っているわが国でも、年間七〇万戸程度の新築がある。そのうち、大手ハウスメーカーによる工業化住宅が三割、棟梁・工務店のオープンな工法による住宅が七割といわれる。そのような状況で、建築家はどの程度の参画があるのだろうか。

ある調査によると、建築家が設計した住宅は三％程度に推計されるという。これには、デザインと設計料が障害との理由が挙げられる。都市部では西洋風民家や和風の様式が好まれ、建築家のモダニズムの建築様式は嫌われる傾向がある。また、設計監理料に工事費の五～一〇％程度が必要となる。工事費の工面がやっとで、設計料は無駄だという感覚である。ハウスメーカー等では設計料は工事費に含まれるが、既成図面を修正する程度のものである。建築家が住宅生産に関わることができない実態は、住宅の質や住宅文化のあり方を考えるときの課題である。

「住宅」の善し悪しを絞り込むと、デザイン・性能・機能の三つに集約されるという。デザインはシンプルがベストであり、文化に当たる。性能や機能は進化して行くもので、これは文明であるとする。性能はその時点で求められる最高レベルが求められ、機能は消費者のニーズへの対応でライフスタイルや価値観で決まるとされる。

さらに、住宅に求められるテーマを集約して、家族の絆、高齢化・健康への配慮、住文化、防犯、景観・デザイン・庭の合わせて五項目とする。

ここで、八三年当時、自治体から好評だった「地域住宅計画（ＨＯＰＥ：Housing with Proper Environment）」を取り上げる。〇九年の「住生活基本計画」がストックや市場重視の視点に傾斜しているのに比べ、この計画には住宅改善への有機的な取り組みの姿勢がうかがえる。

その目指すところは、①自然環境、伝統、文化など地域が持つ特性を生かしながら将来に資産として継承できる質の高い居住空間の整備、②地域の自主性と多様性を尊重して、その創意による住宅づくり、③地域の社会、文化および建設産業の振興などを含めた総合住宅施策の展開、としている。ＨＯＰＥ計画とは〝地域に根ざす住宅計画〟を意味し、地域の固有の自然・資源・文化的環境などを具備した住まいづくりの略称で、旧建設省が計画策定補助や事業助成を行った。

三年間で全国六二の市町村が指定を受けたが、その活動内容を分類すると、①地元の大工・左官・建具職人や設計事務所グループの研究会、②伝統技術の見直し、木材・瓦・石材・布・和紙・植木などの地場産材の活用、新しい木造住宅の開発、③緑と水、花などをテーマとする団地設計、古墳など文化財と共存する団地設計、積雪対策や斜面地の団地づくり、町並みに調和するデザイン・建て替えルールづくり、④新しい公営住宅、若者と高齢者が定住できる住宅、都市型住宅などのモデル住宅の設計アイディアの募集、⑤市民住宅フォーラムやセミナーの開催、住宅フェアの開催、すぐれた住宅環境デザインの表彰などのイベント、⑥住宅相談室の設置、住まい読本の作成、まちづくり基金の創設、と広範囲である。

「都市再生」の住宅版だったが、ＨＯＰＥ計画は現在にも通じる多様な住宅づくりの取り組みを与えたことになる。こうしてみると、地域にこだわることが新しい発想と技術にとって大切なことであることがわかる。

住民である〝使い手〟のいる「地域」ということに触れたい。通常、地域というときには範囲が決められる。まず、日本という風土を踏まえ気候を前提とする地域、次に行政の区域分けに近い地方としての地域、三番目に暮らしを土台に置いた生活する場所としての地域に分けられる。日本を地域とすれば、風土に応じた日本的なデザインが自然に表れる。地方としての地域は、教条的にその地方の特色を取り付けた地方主義となる。これに対して生活の場としての地域は、住民あるいは〝使い手〟の人情・風俗と触れあう交流のなかでの地域主義となる。

建築がその地域に定着すれば、その場所に一つの文化が成立する可能性が生まれる。それに加えて〝使い手〟のいる住宅が、立地にふさわしい構造を持って存在することになる。暮らしのある建築物、つまり〝使い手〟のみえる住宅はモニュメンタルにはならない匿名性の地味な建築物である。

建築家と建築士について

かつて住宅は大地に根を生やし、街角の風景として文化の一端を担ってきた。地域の住文化も、現代のように変化が続くと〝文化〟としての定着が危ぶまれる。住宅をめぐる問題は多様で間口も広く、商業化、景観や環境、建築家など制度や人のことに及んで、すべてを網羅した対応はすこぶる困難である。ここでは住宅を、〝作り手〟にしぼって述べることにする。住宅が「生活の器」としてあるものならば、その器の〝使い手〟は〝作り手〟にどう問題を投げ掛け、何を要求するかを考えたい。

建築史で扱う建築が神社・仏閣であるように、民家、特に庶民住宅は建築として扱われなかった。民家や庶民住宅が建築として考えられるようになったのは、一戸建てを対象とする二十世紀からで、商業建築としてのオフィスビルも十九世紀後半である。

「意匠設計」という古い建築用語がある。建築家を育てるには教育が必要になる。従来からの徒弟による教育制度もあるが、主流は学校教育である。建築教育も欧米に共通するのは芸術部門に属することで、日本のように工学系に属するのはまれである。明治以来、わが国の建築は工学技術の一端であり、土木に次ぐ建築工学として考えられてきた。そのため、芸術部門には建築が存在しなかった。つまり建築は、工学としての立場が強く芸術と考える余地がなかったために、技術と製図でしかなかったことになる。

設計とは本来、ドローイング（製図）ではなくデザインのことなのに、日本では〝図面引き〟を指す。建築学科では、未だに意匠専攻などといわれるが、それが〝デザイン〟とされ、設計の専門分野とされる。つまり、設計製図を学んでも必ずしも建築家への道は拓かれていない。

建築の学校を出て国家試験に合格すると、建築士の資格が取得できる。デザインの優劣には関係なく、法律的・技術的に正しい製図工である建築士となる。わが国の一級建築士は、約三〇万人といわれる。二級や木造建築士などの建築資格者を合わせると、一〇〇万人にも達する。諸外国に比べて、仰天するほどの数である。

ところで、建築家と建築士はどう違うのか。それを分けるのはとても難しいことだが、〝建築家〟はある程度の規模の建物の設計、つまり、図面を作り、工事監理のできる一級建築士を指すということで大きな誤りはない。欧米では、建築家は医師・弁護士と並び、社会的な責任を持った個人的職能とされている。

日本では、建築士事務所の開設者と資格者は別であってもいい。建築士を雇うことで、建築士事務所が開業できる仕組みである。また建設会社や工務店、ハウスメーカーも建築士事務所を兼業しているのがほとんどである。設計をする建築士と施工管理する建築士が同じ会社に所属する矛盾をどう考えるか、その是非が問われる。

ともあれ、建物を設計し建築申請するのは建築士である。〝図面引き〟に短絡していることや効率化を図ることで、設計内容のレベルは低いという弊害がみられる。カタログの組み合わせやコンピュータによる自動製図からは、〝使い手〟を納得させる設計はほど遠い。医師や弁護士を費用の安さで選ぶことがないように、設計も安く上げようとすれば無理が生じる。

住宅を建てるときハウツーの実務書がよく読まれるが、そのなかで何を大切にするかである。人に人格があるように家に風格があるとすれば、画一化されたものではなく、独自のものが要求される。型にはまらない生活の形を、〝使い手〟は要求することである。自由な生活様式を取りながら、それを家の内外に表してゆくことができたら、これほどのぜいたくはない。建築家は空間をデザインする。構造や仕上げによって、空間に風格を与えようとする。そこで〝使い手〟自身は、生活の場としての住宅の本質とは何か、を問い掛けることになる。

土地の保全

都市と住宅地

住宅が連続する居住地域を、一般に住宅地と呼ぶ。産業中心の都市は職・住が一緒だったが、庶民の健康や安全を図るための住宅地がつくられるようになった。生産（工場）と居住（住宅）の分離である。住宅地は郊外に求められたが、都市は時を経て、郊外の住宅地を飲み込みながら拡大した。都市が拡大する限り住宅地は相対的な郊外であり、現在の同心円状の都市構造となった。そして郊外の交通手段の拡充によって、マイホーム取得に人々を郊外住宅地へと向かわせた。

ところが九〇年代以降の経済の変動によって、都市の拡大は終息し、都市化社会から都市型社会に変貌した。わが国でも人口の減少が問題視されているが、都市型社会とはとりもなおさず人口減少社会である。人口の減少は出生率の低下が要因とされるが、出産世代が減少した人口構成となっているので避けることは難しい。

縮小をともなう都市型社会となって、住宅建設にも変化が起きている。かつて住宅供給は、郊外住宅地に集中し既成市街地は更新建て替えだったが、今日では逆転現象がみられる。都心への回帰ともいわれる、高層マンションや建売住宅の急増である。住宅地の変化は、建築行為の集積によって引き起こされる。建築行為はある意味での経済行為といえるので、高層マンションなどが増加する現状は、市場原理による淘汰現象とみることもできる。

住宅地を変化させるのは、住み替えと住宅の更新である。この「ひと・もの」の変化は相互に関係するが、需要と供給との関係と置き換えることもできる。人々の住み替えは、マクロにみれば人口の移動である。その転出と転入の差が地域の人口の社会的増減となる。都市型社会となった現在では、転出数と転入数に極端な差はなく、増減の総人口比は小さい。そうしたなかで、都心部は人口の出入りが激しいだけでなく、二〇〇〇年以降は人口が増えている。これが「都心回帰」現象であり、郊外に転出した人口が戻ってきたということである。

住宅建設は、直接に住宅地の変化をもたらす。建設には新規と更新とがあるが、更新には建て替えと解体除却も加えて考える。新規住宅はおおむね年六〇万戸、これに更新を加えることになる。更新は滅失住宅統計では全数が把握できないので、五年ごとの住宅・土地統計調査（九八年）をもとに推計すると、年に建て替えが約二〇万戸、解体除却が約三万戸になるという。結果として年に八〇万戸前後の住宅建設が、住宅地に影響を与えることになる。

さらに、世帯数の減少も住宅地の変化につながる。前掲の統計によると、この五年間の世帯数の増加は約二九五万世帯、住宅ストックの増加は約三六五万戸で、その差の七〇万戸が空き家の増加であるとしている。今後に世帯数の増加が止まると、こうした住宅はどのように推移するだろうか。検討では、立地条件を重要視する住宅の新規需要からして、住宅地間での格差が拡大すると推測している。

建築敷地と住宅作法

家を建てる際にまず考えることは、敷地の地盤である。河川堤防の決壊やM７クラスの大地震などには難しいとしても、少なくとも人為的な災害に対する心構えは必要である。個人の住宅では個々に地盤調査を行うことはまれだが、周辺の既存マンションなどのデータを参考にすることができる。地域としてみるときは、地元市町村が作製したハザードマップ（災害予想図）が役に立つ。また国土地理院は〇九年七月から、全国の都市圏にある地震の活断層の詳しい位置がわかる「都市圏活断層図」をインターネット（http://www.gsi.go.jp/）で無料公開している。その他建築に関して必要なことは、地元市の建築課などに問い合わせれば教えてくれる。

地盤の善し悪しをみるとき、地名が参考になる。地名に「谷」や「川」のつくところは、要注意である。もちろん、地名は広く地域を指しているから即当てはまるわけではないが、「川」のつく地名は、かつて川が流れたところで湿気が多く地盤が軟弱だと予想される。同様な理由から「沼」、「沢」とつくところの地盤も気になる。「丘」、「山」のつく地名はだいたい高台にあるが、強い風が吹く恐れがある。

造成地については、よく調べる必要がある。造成した土地は、何年かしなければ安定しない。造成地には、切り土と盛り土の箇所があることを知るべきだ。埋立地は特に注意しなければ、地盤沈下に悩ませられることになる。怖いのは土壌汚染である。特に、土壌に含まれるダイオキシンは生命を脅かすものである。

今でも、家を建てるに際して「家相」を取り入れる人が多い。「家相」などというと、占いのイメージがあるが、科学的な根拠や経験則に基づく〝先人の知恵〟といえるのではないか。中国で生まれた家相は、日本にも伝わり根付いていった。

日光や風向き、気温の変化など自然の法則を踏まえることが、快適で健康に暮らすためのルールとなる。家の建て方次第で暮らしづらくなったり、住む人が病気になれば家庭が暗くなる。例えば、「巽《たつみ》玄関」や「乾《いぬい》玄関」は、玄関が東南や西北を向いて陽当たりがよくなり、健康的であるという根拠によるものだ。裏鬼門《うらきもん》に当たる西南に、キッチンやトイレを置くことは、腐りを塞ぐ意味があった。

家相でいうところの「運が向いてくる家」とは、生活しやすく快適で、衛生的な家ということになる。過ごしやすい家ならば、住む人も明るくなって精神的にも安定する。そして仕事にも熱中できるというように、自然とよい方向に向かうことになる。家相は、住まいがそこに住む家族の運命を左右する、という考え方に基づいている。時代とともに家相の内容も変わることになるが、その根本原理は変わることはないと思っている。

地価決定の過程

地価は下落を続け、下げ止まりがみられない。二〇一〇年の公示地価は、全国平均（全用途）で前年比四・六％下落し、三年ぶりに前年を下回った（一〇頁参照）。金融危機による投資マネーの減少や景気の低迷が重なって不動産の流通が細り、全都道府県でマイナスとなった。特に、大都市の中心部での下落が目立っている。バブル崩壊後の九二年からの下落が〇七年には一六年ぶりにプラスに転じていたが、〇九年と一〇年では全国約二万八〇〇〇か所のほとんどの調査地点で下落した。リーマン・ショックをきっかけに金融市場が混乱し、国内の不動産に流れ込んでいたファンドやＲＥＩＴ（不動産投資信託）の資金が急減したことによる。景気低迷で企業のオフィス需要や投資が減少し、個人も住宅購入を手控える傾向が鮮明である。

公示地価は官報に掲載され、地価と地図は市（区）町村で閲覧できる（国土交通省のホームページ http://tochi.mlit.go.jp/）。価格は、一月一日における標準地の単位面積当たりの正常価格（売り手にも買い手にも偏らない客観的な価値を表す）で、更地価格で表示される。国が不動産鑑定士による評価結果を審査し、判定する。標準地の対象区域は、都市計画区域（市街化区域および市街化調整区域）とその他の都市計画区域をあわせた約一〇万平方キロメートルである。対象は一四二五市区町村となる。標準地の設定数は、全体で二万七八〇四地点となる。

公示地価は一般の土地取引価格の指標となり、公共事業での用地取得や土地取引規制の基準にも使われる。そのため標準地の選定には、対象となる土地の代表性・中庸性・安定性・確定性などの評価に必要な要素を取り入れた基準が適用される。

実際の土地取引でも、公示地価や基準地価、相続税路線価が参考にされる。路線価が実務に利用されるのは、標準地の設定数が全国で約四一万地点と公示地価の約三万地点に比べて多く、都市部に集中する取引に対応できることによる。また、路線表示のため評価に活用できる要素が多い。路線価は、全国の税務署のホームページで閲覧できることも、利用を広げている。しかし取引での価格、いわゆる〝時価〟はこれらを上回ることが多い。実勢価格といわれるもので、取引時点での価値や取引事情が加味され、地価の変化が見込まれた価格となる。

この時価を決める不動産鑑定にも、問題がある。不動産の証券化に関するものだが、九八年のＳＰＣ法（資産流動化法）をはじめ矢継ぎ早に多くの関連法令・規則が制定された。しかし、Ｊ－ＲＥＩＴ市場（八八頁参照）の情報開示が不十分なために一般投資家が損失を被り、金融庁が関係する運用会社などを処分する例が相次いだ。その後、情報開示が強化されたが、「鑑定評価基準」も収益・費用項目の内容を統一するなどして、鑑定士の恣意性の排除や企業損益の比較を容易にした。また、鑑定士に不適切な鑑定評価があった場合の処分が盛り込まれた。このような価格の算定でも、鑑定評価に係る監視が強化されている。

〇八年の地価は二年連続で上昇したが、〇九年と一〇年に連続して下落し地価に変調がみられる。ここ二年間の地価と建築コストの上昇でマンション価格は急上昇したが、マンション事業者は需要を見込んで強気の土地仕入れを続けた。ところが、サブプライムローン問題で株価が冷え込むと顧客が離れた。契約率も好不調の目安となる七〇%を割り込んでいる。高値で仕入れた土地に高騰した資材価格を上乗せした価格が、消費者に嫌われた格好となった。マンション事業者の土地取得意欲が弱まると、郊外の地価は下落し低迷を続けている。マンション需要は大都市圏の地価の上昇を牽引してきたが、家計所得が伸びないなかでの調整が続いている。

都心部の地価上昇を支えたのは不動産向けの投資マネーだが、このところ急激に細っている。現在、Ｊ－ＲＥＩＴには四一銘柄が上場されているが、東証リート指数は〇七年の最高値から〇八年は最大で七割下落した。関連する不動産取得も、〇七年の五〇一件から〇八年は九二件に急減している。これらは「土地白書」によるが、白書では、Ｊ－ＲＥＩＴ再編の必要性を訴えている。

都心の地価調整を〝好機〟とみる動きもある。ただ今後、都心の地価が上昇する条件には、企業業績が順調であることがある。円高や資源高の影響で企業業績が不透明さを増すなかでの判断には難しい面がある。

一〇年の三大都市圏を除く地方の地価下落率は、商業地で五・三%（前年四・二%）で下落の幅は広がった。地価が上昇したのは名古屋市と静岡県の七地点だけで、ほとんどの地方で地価の下落が続いている。地方は少子高齢化と大都市圏への人口流出に直面している。地価は大都市中心部が最初に上がり、地方や郊外から下がり始めるといわれるが、実感させられる。

土地情報

国土交通省は、〇九年から賃貸不動産の収益情報に特化したデータベースの運用を始めた。大都市圏の商業ビルや住宅の賃料・維持費を地域ごとに整理し、「不動産市場データベース」として、同省のホームページで公表する。さらに、公示地価など複数の情報を一元化してインターネット上で公表する構想を持っている。公示地価とアンケート調査による取引事例価格については、すでに「土地総合情報ライブラリー」に掲載されている。

地図情報の充実も図っている。地籍は土地取引などの基礎的な情報として認められるが、その整備の遅れを補うものとして「筆界特定制度」が採用されていることは先に述べた。土地はその性質上、自然災害や人為的な行為によらなければ形質の変更は起こらないが、形状については分割や合併が日常茶飯事に行われている。大きくは道路・公園の設置、身近なものでは住宅建築による宅地、あるいは耕地整理による集約農地などで区画形状の変更がみられる。

ＩＴ技術の進歩によって地図情報の普及は、すでにカーナビなどでも実用化されているが、衛星画像データを活用した不動産鑑定ネットトも運用されている。これは画像データと国土地理院数値地図を組み合わせ、それに公示価格や基準地価格等を付した内容となっている。不動産の評価や仲介、オークションでの不動産情報としての活用がされている。

国や地方の機関が持つさまざまな行政データを一元化した電子地図を作成する構想（地理情報システム＝GISアクションプログラム２０１０）がある。地図情報の電子化は省庁や自治体ごとに進んではいるが、全国を一覧できる体制にはない。行政機関の持つデータを国土地理院に集約させ一元化するのが目的で、福祉や防災などに役立つ情報が得られることになる。

地図が完成すれば、老朽化した木造住宅の分布などが一目でわかり広域的な防災体制づくりも容易になる。また無償で公開される地図情報は、民間の物流での配送ルートや出店計画などにも活用できる。今後は、これらの地図情報が多様な形で活用されることになると考えられる。

土地の境界

実務における土地の取引は、公図および登記簿での確認がされ、土地実測図および相隣する土地に紛争がないことの境界証明書の存在を条件として行われる。すなわち、土地を特定することである。

ここで問題とするのは、土地登記簿における地図についてである。土地登記簿には地積、地目が明確にされ、地番も付されているが、現地の範囲、区画は登記簿上の記載では明らかではない。確認のためには、土地の方位、地番、隣地の地番、地積および求積の方法を記載した地積の測量図および方位、形状および隣地の地番を記載した土地の所在図が必要になる。これらの地積の測量図等の地図（一七条地図）は、登記簿とともに登記制度の支柱となるものであるが、残念だが完全には備えられていない。

登記所には、土地台帳附属地図（一九六〇年の不動産登記法の改正で廃止された旧土地台帳法施行細則による）が備えつけられている。この土地台帳附属地図は一般に「公図」と呼ばれて、一般の取引はもちろん訴訟上の証拠資料として現在でも用いられている。しかし、その作成方法およびその後の整備状況からしても、地図としての精度はかなり不完全なものである。

このような経緯のある公図は、現在でも隣地との境界確認の参考地図として用いられているが、「公図のズレ」が問題視されている。国土交通省の調べによると、都市部の約六割で、実際の境界とのズレが一メートル以上の大きなものがあることがわかっている。

こうしたズレは、土地売買でのトラブルにつながることも多く、課税上の問題にもなるので、境界を正確に画定する作業を早急に進めるよう全国の市区町村に働きかけている。〇五年四月の時点で登記所に備えつけるべき地図の総枚数は六四六・五万枚となっているが、そのうち四四％が公図（地図に準ずる図面）を用いている。公図を正確な地図に置き換える「地籍調査」を図ってはいるが、地権者の利害に絡むこともあって進んではいないのが実情である。

土地の境界を考える場合に、微妙な判断がある。土地の「境界」と「筆界」との相違である。その理論的な背景には、私法上の「境界」と公法上の「筆界」の峻別があるとされる。具体的な判断としては、民法の規定からみてのものと不動産登記法からのものであるにすぎないが、法の論理としては分離して考えなければならない。実務からみれば「筆界」は登記官の権限に属するもので、「境界」とは私人からみた民法上のものと考えるべきものである。

導入されている「筆界特定制度」も、現状の地籍確定の便法として採用されたことは否めない。しかしながら、現状での地籍の状態を考えた場合に、その妥当性を認めなければならないものである。地籍によって土地の安全が維持されることになるが、地籍が十分に整備されていない現状では「筆界特定制度」の効用に期待するほかない。

この制度は〇五年の不動産登記法の改正により創設されたもので、登記上の土地の境界（筆界）をめぐる紛争を裁判をせずに、迅速に安く解決できるものと期待されている。登記での土地の範囲を区画する「筆界」を特定する制度で、全国五〇か所の法務局・地方法務局に配置した「筆界特定登記官」が、民間の専門家（筆界調査委員）の意見を参考にして筆界を特定する。なお、登記官が定めた境界に不服がある場合は、従前どおり民事訴訟を起こして裁判で解決することができることになっている。

ただ、この制度にも、次のような問題が指摘されている。

（効果）
〇境界に争いがある場合は、相隣者の合意が前提になること。
〇境界が不明な場合に適用されること。
（効力）
〇登記官の権限——土地の分筆・合筆などの登記に係る処分権限を持っている。
〇筆界特定登記官の権限——単なる事実行為で、登記官のような処分権限を持たない。

ここでいえるのは、筆界特定は登記官の専管事項であることで、民事における「境界」には行政は介入しないということである。いずれにしても、安定していると考えられる土地にも、未だ不確定の部分があることの認識を持つことが必要である。

物納土地の整理

土地を他人に譲渡する場合は当然だが、土地境界の画定は相続問題にも欠かせない。相続税の納税手段の特例に「物納制度」があるが、〇六年の税制の改正により従来の「とりあえず物納」といわれることができなくなった。

相続税は、相続発生から六か月以内に金銭での一括納付が原則だが、この期限までに多額の納税資金を手当てすることは容易でない。それで、これまでは相続税の申告期限に物納申請書を提出して、納付を事実上延期する時間稼ぎが行われてきた。これが「とりあえず物納」といわれた。改正では、従来の物納制度で適否の判断が難しかった資産の範囲を明確にした。「物納不適格財産」や「物納劣後財産」について、他に適格財産がある場合には申請が却下される。

ここで問題となるのは、改正により物納申請書に新たに加えられた添付書類のことである。物納財産の多くは不動産だが、不動産の場合には登記簿・測量図・境界確認書などを添付することになる。また、これらの必要書類の記載不備や提出がないときは、「二〇日以内に補正・提出しなければ、申請を取り下げたものとみなす」としている。

しかし、測量には数か月がかかるし、境界確認を取りつけて登記するにはさらに時間がかかる。一団の貸し地では数年かかるかもしれない。将来、万が一の場合に物納を考えている向きは、今からこのことに留意する必要がある。

定期借地権の効用

「借地借家法」（平成三年法律第九〇号）によって実現した定期借地権は、これまでの借地権と異なり借地期間を限定したものである（二九頁参照）。契約更新や建物の築造による存続期間の延長、建物買取請求をしないという契約になっている。例えば、一般定期借地権では期間が五〇年以上とされているが、契約期限が来たら更地に戻して、無条件で地主へ返すことになる。

もともと借地は、期限が来れば土地を返し、期限を過ぎても必要とするならば更新を図るものである。〝借りたら返す〟ということは基本であるが、これまでは契約更新での正当の事由とか金銭的な借地権割合とかで、歪曲した借地関係があった。これらは、定期借地権が法定されたことですっきりした形になった。なお、定期借地の契約は、公正証書など書面によることが法定されている。定期借地権には、一般借地権、建物譲渡特約付借地権、事業用借地権の三種類がある。このほかに普通借地権が新法と旧法の二種類があるので、合計五つの種類の借地権があることになる。これらは、それぞれに存続期間・条件などが異なるので注意を要する。

定期借地権は、従来の借地契約の問題点を解消する意味合いを持たされている。〝土地は貸したら返ってこない〟という地主の根強い心情が未だに残っている事情がある。かつての「借地法」は、建物所有のための土地利用の点では重要な役割を担った。というのは、借地の存続期間を強行規定によって保護したことである。木造建物でも最低二〇年の存続期間を認め、これを下回る期間を定めても無効とした。さらに戦時の緊急事態に即応する形で、いわゆる「正当の事由」の要件が加えられた。

この法定要件は、当時の土地事情からすれば借地人に有利となるが、地主の立場からすれば過酷な条件となって、やがては〝立ち退き料〟の慣行を生むことになる。そして、立ち退き料の目安として借地権割合なるものが援用されるようになり、現在もその料率が一人歩きしている。この地主対借地人の相剋によって土地の有効活用を阻害する様相が激しくなり、現行の借地借家法の制定によって、旧制度による土地利用関係が一新された。

定期借地事業は、ほぼ五年ごとに変化、段階的に進展している。平成四年（一九九四年）以降の第一段階では、土地費を含まない住宅の取得手法として認知され、一般定期借地権による戸建て・マンションの建設が先行した。第二段階となる九八年には、地価の低い地方へと浸透し、住環境を重視した定借分譲が住宅地モデルとして注目された。さらに、事業規模も大きくなり、東京都臨海部の公有地の定期借地など全国的な展開をみせている。

第三段階の〇二年になると、自治体の遊休地での戦略的な活用が検討され、ＰＦＩ（Private Finance Initiative：民間による公共施設整備）事業にも活用された。ここでは、自治体での定借事例が数多く実現した。民間においても、二〇〇〇～四〇〇〇戸台の大型プロジェクトに定借が活用される事例がみられる。〇八年以降の現在に至る第四段階では、前払賃料方式の採用、事業用定期借地の期間延長などの制度改革が行われて、定期借地の展望が開けている。医療・介護・福祉分野における活用、公有地での定借ビジネスの活況など定借事業の活性化がみられている。また、企業が所有する不動産の管理・運用にも定期借地が選択され、今まで以上に商業施設や物流施設などで事業用定期借地権が活用されると思われる。

土地利用関係の変化

土地利用の形態には、所有地と借地がある。権利からみると、所有地には「所有権」が、借地には地上権・永小作権や賃借権からなる「借地権」がある。法律上からみると、賃借権は地主に土地を使用させるよう請求できる債権であるのに対して、地上権・永小作権は他人の土地を使用できる物権（用益物権といわれる）である。

土地が売却されて地主が変わったときなど、新しい地主に対抗するためには土地が登記されていることが必要であるが、物権である地上権・永小作権では地主に対し登記の強制ができるが、債権である賃借権ではそれができないと解されている。存続期間については地上権・永小作権でも賃借権でも自由に決められるが、賃借権では最長で二〇年と決められている。さらに、賃借権は地主の承諾がなければ転貸できないが、地上権・永小作権は自由に譲渡できる。このように、賃借権は地上権・永小作権と比較すると弱い権利であり、借地借家法によって強化、保護されている。利用権保護の内容には、不動産賃貸借権の「物権化」や利用関係の「安定化」がある。

この契約ルールを改正する動きがある。改正の主な内容は、①企業や消費者が結ぶ「契約」に関する基本原則の明文化、②契約違反などの場合の賠償責任の考え方を最近の実態にあわせて改める、などがある。トラブル防止や紛争解決の迅速化、消費者保護を図るのが狙いである。民法規定のうち債権法部分（契約ルールなど）の改正検討が進められ、試案公表に向けての議論がされている。契約ルールの全面改正は、一八九六年（明治二十九年）の民法制定以来の初めての改正となる。

焦点となる賠償責任は、「過失の有無」を重視してきたこれまでの考えを「契約を守らなければ責任を生ずる」という原則に改める。契約の基本ルールには、当事者が自由に内容を決められる「契約自由の原則」や口約束でも契約が成立する原則がある。改正法ではこれを明文化する。また、契約に関する規定は商法や消費者契約法にも条文があるが、これらも改正民法に盛り込み、契約ルールを一体的に網羅した法律とする。

以上は法務省の改正方針だが、民法学者を中心とした「研究会」でも検討されている。対象としているものに、不動産物権の変動、地上権・永小作権などの賃貸借に関するものがある。これらは近く法制審議会などで議論されるものだが、不動産をめぐる大きな課題であるので、以下にその概要を紹介しておく。

現行民法の物権変動に関する規定は三か条（第一七六条～第一七八条）に過ぎず、規定の内容がきわめて簡素である。一方で裁判に適用される判例は多く、例えば法第一七七条（不動産に関する物権変動の対抗要件）に関する判例（一五七五件、〇八・九現在）は群を抜いている。最高裁判例の数（一七七件）もきわめて多い。このことは、適用される法のルールの理解には膨大な判例を知る必要があり、条文をみただけではわからないということを意味する。法第一七七条は、不動産の物権変動を第三者に主張できるかどうかという財産権保護にかかわるだけに問題である。

また、取引の安全を主たる目的とする物権変動制度において、物権変動の公示と並んで公信の問題がある。現行法制は登記の公信性を認めておらず、判例法がこれを補充している。これをどう規律するかの問題がある。かつて主張された登記への公信力の付与には、立法による理由がないとする意見がみられる。

所有権でなく他人が土地を使用する権利については、法制的に簡明・明解に提示するという見解から可及的に物権とすべきであるとされる。しかし、物権法定主義に関する法第一七五条については、改正案で特に文言を追加しない。所有権のあり方に抵触せず、内容が公序良俗に反しない慣習上の物権は許容されてもよく、慣習上の権利は否定されるものではないと考えられている。

民法規定の各部の見直しを考えるならば、まず都市的土地利用としての地上権を再編する必要があるとされる。形態としては、建物の所有を目的とするもの、また林業のための土地利用がある。地上権には、登記に関する対抗力保障が与えられることを民法に明らかにする。地上権の存続期間は二〇年以上とし、建物所有を目的とするものは六〇年を最低とする。更新の可能性のある形態については、その旨を設定行為で定めるとし登記を要件とさせる。

現行の永小作権は名称を廃止し、これに代わって農用地上権とする。構想されている都市的土地利用および山林としての土地利用に即応するために、農業的な土地利用を想定する。地上権の特殊型として、土地の天然果実である作物の周期的収穫という農用地上権を設定する。存続期間についても、上限二〇年とする賃貸借の見地から下限を二〇年とすることが相当とされている。

用益物権のあり方については以上のように考えられているが、債権的な利用権原についても検討されている。賃貸借の目的物として「物」一般を想定する現行規定は容認されることから、土地も賃貸借の目的となり得る。しかし、都市的土地利用や農業的土地利用は地上権および農用地上権が任じることになる。そのため、宅地や農耕地としての使用を想定する土地の賃貸借も妨げないというにとどまる。

一般の不動産賃貸借に基本的対抗力保障があると同様に、建物所有を目的とする土地の賃貸借にも補強された対抗力保障が与えられる。存続期間は二〇年以下とすることを基本に、想定すべきである。そして、期間満了の際のさらなる存続は認めない。これに対し、建物所有を目的とする賃貸借は、借地による建物所有に長期安定を提供する見地から三〇年を最低の存続期間として法定することにする。

地上権および賃借権の民法規定の大幅な見直しの結果として、借地借家法および不動産登記法についても所用の整備が生じる。さらに地役権も土地利用権として、対価の明示や期間の永久存続などに関する整備を図るとしている。

2　変貌する市場

現代経済は、市場のグローバル化と技術革新の結合の結果を素直に受け入れなくてはならない。成熟経済・構造改革はさらに進み、社会保障での真の「弱者」への優先が課題ともなる。消費行動はネット志向となり、個人資産は「貯蓄から投資へ」の流れが加速する。加えて、金融商品の多様化にともなう脱物質化が一層進展する。

市場をとらえても、グローバル化による広域地域の東アジアとの連携と競争があり、道州制への移行による「地方の時代」の幕開けを迎える。これらの社会経済の変革を見据えて、不動産市場の行方を探ることとする。

変わる不動産市場

サブプライムローン問題と金融市場

今回の世界的な金融危機は、米国のサブプライムローン（信用力の低い個人向け住宅融資）の延滞が膨らんだ住宅市場への不安をもとにしている。米国では個人が住宅の値上がり益を担保に、金を借りて消費に当てる傾向が強い。住宅価格の下落は、国内総生産（ＧＤＰ）の七割を占める個人消費を直撃する。サブプライムローンは、金融機関が融資会社から買い取って証券化されるが、多くが不良債権化していた。サブプライムの金利は最初の数年が低く、三、四年目から一〇％以上になる商品が多い。融資を受けた個人の支払い能力が低いため、高金利期間に入ると返済に行き詰まることになる。これまで表面化しなかったのは、住宅の値上がりが続いたので借り手は低金利のうちに価格上昇分を担保に通常のローンに借り換えていたためだ。住宅価格の伸びが止まるとこの手法が使えなくなる。

ローン焦げ付き問題が表面化し、関連金融商品に投資していたファンドや金融機関が相次いで大きな損失を被った。サブプライム投資は世界的に広がっているだけに、世界金融の信用収縮が起こった。サブプライム問題は市場取引の根本である「信用」を破壊したことになる。世界的な金融危機を受けて、主要国による金融機関への公的資金の資本注入額は一〇〇兆円に迫っている。公的資金による資本注入は、国が金融機関の株式を買うなどの方法で資本を入れることを指すが、わが国での九〇年代後半の金融危機には、約一二兆円の資本注入をしている。当時は、不動産向けの過剰融資が地価の高騰を引き起こし、土地バブル崩壊のあおりで九六年には住宅金融専門会社（住専）の破綻があった。

今回の危機は突然訪れたわけではなく、いくつもの前兆があった。米国の経常赤字は〇四年には資金流出を引き起こす限界とされたＧＤＰの五％を上回っていた。新興国や産油国が米国債や住宅ローンを購入、世界の余剰資金が米国に環流したためだ。しかし、経済赤字はいずれ「市場」が調整すると、楽観していた。ゼネラル・モーターズ（ＧＭ）をめぐるショックも〇五年春に起きている。ＧＭ債の格付けが投機的等級に引き下げられたため、経営不安が表面化した。

金融市場の〇七年の最大の話題はサブプライム問題である。サブプライムローンの残高は一・三兆ドルと米住宅ローンの約一割に達している。バブル崩壊が明らかになるのは、〇七年八月九日だった。サブプライムローンを含む複雑な証券化商品を運用していたファンドが一斉に資金調達困難に陥った。欧米の銀行は、傘下に巨額の資金を運用するファンドを抱えていた。会計上は切り離されていた危機が銀行に移り、本格的な金融危機となった。〇八年三月、証券化商品の運用で損失を抱えたベア・スターンズ証券が資金繰り困難に陥ったが、ＦＲＢ（Federal Reserve Board：米連邦準備制度理事会）が約三兆円の不良債権を事実上買い取った。ＦＲＢが銀行以外を救済したのは、大恐慌以来初めてとなる。

市場は小康を取り戻したかにみえたが、〇八年九月にリーマン・ブラザーズが破綻すると、世界各地の実体経済も雪崩のように崩れた。リーマンショック後、世界経済は一変した。危機の本質や怖さを理解するのは難しく、金融機関への公的資金の投入も世界の株価暴落をみてようやく実施された。

サブプライム金融危機は目新しいものでなく、不動産担保融資の不良債権化という金融危機のパターンを踏襲している。九〇年代後半の日本の金融危機も、不動産業向け融資の不良債権化が一因でもある。銀行はＬＴＶ（Loan to Value：担保価値に対する融資比率）を高め、金利収入を図ることが合理的な行動となる。不動産担保融資は、担保不動産の価格上昇局面では安全な資産であるが、不動産市況の下降局面では不良債権になりやすい。人々が非合理的な地価上昇の期待を抱いて行動したことが、融資の不良債権化を招き金融危機につながったことになる。

不確実性とリスクは、学問でも一般社会でも明瞭な区別なしに使われる。しかし、リスクとは起こり得る可能性に確率を付けられる不確定さをいい、他方、不確実性はこれらの基準が全く存在しないものだとされている。サブプライム金融危機は、世界でどれだけの不良債権が存在し、それを誰がどう所有しているかがよくわからない。したがって、不確実性の状態に置かれていることになる。

サブプライム金融危機は、米住宅市場の加熱とともに供給された大量の住宅ローンの証券化に端を発する。さらに、ＣＤＳ（Credit Default Swap：クレジット・デフォルト・スワップ）という住宅ローン証券の貸倒保険が大量に発行された。不動産価格の下落とともに住宅ローンの担保価値が下落し、それの下落につながった。しかし、米国の金融市場では、昔から類似の派生商品が重要な役割を果たしてきた。それが世界の金融市場をマヒさせる原因となったのは、情報処理技術の発達で膨大な証券の発行が可能になったことが大きい。

不動産相場と金融危機

ＲＥＩＴ（Real Estate Investment Trust：不動産投資信託）市場の資金繰りが懸念されている。ＲＥＩＴはここ数年、賃貸不動産を積極的に購入して不動産活況の立役者となったが、金融危機で状況は一変した。破綻リスクも現実化して、〇八年十月にはＪ－ＲＥＩＴで初めて経営破綻した。〇九年三月には二つのＲＥＩＴのスポンサー（ＲＥＩＴの運用会社に出資して経営を支援する企業）も破綻した。これまではＲＥＩＴのリスクが見過ごされていた。ピーク時で約七兆円あった時価総額は、三分の一近くまで落ち込んで約二兆五〇〇〇億規模にまで減少した。

ＲＥＩＴは、バブル後の地価下落で割安になった物件を低金利で調達した資金で取得し、高い運用利回りを実現してきた。さらに円安で日本の不動産に割安感も出て、海外マネーの流入も呼び込んでいる。東証ＲＥＩＴ指数（東証株価指数に相当）は、〇七年五月に最高値を記録した。四一銘柄あるＲＥＩＴの分配金（株式配当金に相当）の利回りは市場平均で年率七％で、預貯金金利はもちろん株式配当利回りも上回る。ＲＥＩＴの利回りが高くなっているのは、投資口（株式に相当）の価格が下落していることにある。利回りが一〇％を超える銘柄もあり、一見魅力的にみえる。しかし高利回りは、破綻や減配のリスクが大きいことの裏返しとも読める。市場全体の動きを示すＲＥＩＴ指数の落ち込みは、不動産価格の下落や金融不安が背景にある。多くの銘柄では投資口価格が解散価値（株式におけるＰＢＲ　株価純資産倍率＝一倍）の四～六割程度となっている。

スポンサーとＲＥＩＴとは、倒産隔離（資本関係はなく、不動産の所有と運用は分離）されており、スポンサーが破綻しても直接影響されることはない。しかし、ＲＥＩＴの銀行からの融資や条件決定には、スポンサーの信用力が強く影響する。スポンサーの信用力が低い場合、借り換えの際に借入金の一部の返済を求められ損失覚悟で物件を売却したり、借り換え後の金利負担が上昇したりして、分配金を減らすケースもある。ＲＥＩＴには厳しい情報開示の規定があり、不動産の鑑定価格や稼働率から融資条件まで投資判断に必要な情報が提供されるが、元本を保証した商品ではない。そのほかに、ＲＥＩＴを専門家が運用するファンド・オブ・ファンズ（FOF Fund of Funds）や海外のＲＥＩＴを組み入れたものもある。

金融危機の影響で資金繰りが厳しくなっているＲＥＩＴ市場の正常化に向けて、政府支援が本格的に動き出した。ＲＥＩＴ相場の下落が続き、ＲＥＩＴを保有している金融機関の経営が悪化すれば、金融システムに影響が出るとの判断からである。日本政策投資銀行が、ゆうちょ銀行や新設する官民ファンドに私募債を購入してもらう形で資金調達し、高格付けのＲＥＩＴに融資する。ＲＥＩＴ全体が抱える負債は約三兆五〇〇〇億円、このうち一兆円強の返済・償還期限が〇九年中に到来する。上場ＲＥＩＴ四一銘柄が持っている不動産は総額で七兆円超といわれ、このままでは、資金確保のための物件売却が増え地価を押し下げかねない。

不動産は地価上昇と景気回復の役割を担い、経済の刺激剤（インフレ）の効用を持たされている。反面、証券化という手法によって金融商品を組成できるようになった。そのため不動産市場と金融市場の関連が強くなった。不動産市場は金融市場の影響をもろに受け、株式・債券、為替や不動産マネーの国際間移動、世界的なＲＥＩＴ市場との適合というリスクを抱えたことになる。

不動産ファイナンス事情

地価が上昇する背景には、不動産ファンドをはじめ投資資金が利を求めて集まるという事情がある。不動産ファンドの存在感が大きくなり、不動産市場は新しい資金の供給チャンネルを得たことになる。不動産ファイナンスには、不動産投資信託（ＲＥＩＴ）や私募ファンド、さらに大手金融機関からの融資や外資系マネーがある。これらが相乗した投資資金となり、土地の取得やビル買いに走って五〇兆円ともいわれる投資規模を形成した。

ファイナンスは、株式や債券などの金融商品と同じ投資利回りという尺度で判断される。したがって、不動産投資は金利動向にも左右されることになる。ＲＥＩＴの運用資産には四割程度の融資が含まれているともいわれ、借入れ金利の引き上げは投資家への分配金の減額にもつながる。ただ、金利が上昇しても、不動産投資はそれが持つ収益力を評価したものであるとすれば、その有利性は変わりがないとする見方もできる。

ところで不動産市場での価格決定は、投資利回りとキャッシュフローによって決められるようになった。この背景には、「収益価格」の普及という価格構造の変化がある。収益価格とは不動産の評価方法の一つである収益還元法で求める価格で、採用するキャップレート（想定投資利回り）とキャッシュフロー（期間内純収益）の予測数値に依存する。〇六年から適用された「減損会計」制度により、収益価格の概念が固まった。つまり、キャッシュフローの向上が不動産の価値に直結するという認識であり、使用価値すなわち収益価格であるとする。このため、使用価値を高めるリノベーション（改修）やコンバージョン（用途変更）が行われる。キャップレートは、資金調達金利と比べた不動産の投資利回りの関係となる。例えば、金利二％で借りて六％の投資利回りが得られれば、非常に魅力がある。この大きな金利差があれば、より利回りが高くよりリスクが低い選択肢が出てこない限り、不動産投資は継続されることになる。

地価上昇の要因で、不動産市場回復の牽引役ともなっているＲＥＩＴの魅力は、高い配当率である。ところがＲＥＩＴに組み入れられる不動産は、知名度もありキャッシュフローも優れているものに集中することで、価格が高騰してバブルの態様となる。しかし価格の高騰は、キャップレートの下降を招いて配当率の低下につながることになるので、これは投資家の期待する配当利回りとＲＥＩＴの投資の限界効率であるキャップレートの差が少なくなることを示す。

〇九年七月現在で、家計が保有する金融資産の残高は一四一〇兆円と報じられている。〇二年以降の景気回復を受けて国債や投資信託への資金流入があり、「貯蓄から投資」への流れが進んだが、今回の金融危機で株式や投資信託などのリスク資産は敬遠され、定期預金などの安全資産への逆流が目立っている。

このように家計の余剰金が個人マネーとして、投資ファンドやＲＥＩＴなどへの投資となる。特に、五〇兆円ともいわれる団塊世代の退職金の行方が気になる。先にも述べているように、地価上昇に一役買ったＲＥＩＴも投資マネーに左右される構図となっている。国土交通省や不動産証券化協会によるＲＥＩＴの地方への投資促進策も、これに関連するものだ。大都市では、建築容積率の緩和や再開発の上乗せによる収益性の高い物件に投資マネーを呼び込んでいるが、地方都市ではこの魅力に乏しい。地方では、まず収益性を考えた地域に応じた物件の再生から始めることが大切と考える。

公の市場参入による変化

空き家について考える。〇八年での住宅総数は五七五九万戸、空き家が七五六万戸と五年前比で一四・六％増となり、全体に占める空き家率は一三・一％と過去最高を更新した。なぜ空き家が増えるのか。総務省では、世帯増より住宅戸数の増え方が多いからと説明している。

一方、空き家（中古）より新築の方がよいという購入者の希望もある。中古住宅は建物（上物）の価値評価がされないということがある。木造建物の寿命は三〇年程度といわれるが、市場流通につながらない原因の一つとされている。中古住宅は建物ではなく、土地を取得するための手段とされているのが現実である。

国土交通省によると、取り引きされる中古住宅は年一八万戸程度で、すべての住宅取引に占める割合は一三％に止まっている。米国の七八％、英国の八九％が中古住宅の取引というのに比べて、なぜ、わが国では少ないのか。それは、ストックとしての建物や居住環境のレベルの相違やマーケット（流通市場）が未整備のためと考えられる。

社会資本整備審議会の答申（〇五年）でも、市場と土地・住宅の現状の認識として住宅利用の多様化とともに空き家ストックの存在と増加を挙げている。これらに関しては、賃貸住宅および中古住宅の市場整備を重点的に行うこととしている（一三八頁参照）。このため〇八年から「住宅履歴書」を導入して、税優遇を通じた中古住宅市場の取引活性化の支援を行うことが検討されている。住宅履歴書では、新築時の設計図や定期点検の結果などがデータベースで一括管理されることになる。

このところ、眠れる家計力を刺激する「イエコノミー」という言葉が生まれている。家計の滞り、偏り、眠っているものを刺激することで、それぞれが考える豊かな生活を送ろうということである。土地・家、お金、時間の偏在を正し、それが動き始めたときに持つ潜在力を追及したものだ。その中で、「不動産を動かせ」という提案がある。空き家と中古住宅について触れている。広い家が必要な若い世代が多いのに、郊外には親世代が残した中古住宅が空き家のまま放置されている、いわゆるミスマッチ、家の最適配分を取り上げている。ここでは、空き家の保有は税金が安いからだという指摘がある。先にも述べている「建築の自由」の弊害に通ずる考えである（八四頁参照）。

新聞の全紙一面を使っての不動産競売物件情報がある。裁判所の競売入札公告で、入札物件の概要を知ることができる。この公告には、インターネットでの案内（ＢＩＴシステム：http://bit.sikkou.jp）もある。国税庁や自治体の差し押え物件の公売に入札や競り売り（オークション）の方法がとられ、民間でもインターネット公売（http://www.nta.go.jp/）が盛んに行われている。このように不動産の分野にも、ＩＴ（情報技術）による取引価格情報やネット市場、オークション市場が形成されている。

間接的だが国が市場参入したのは、〇三年の東京・秋葉原地区の「都市再生ファンド」が第一号である。都市再開発の特定目的会社（ＳＰＣ）を支援するために、日本政策投資銀行と民間大手銀行が官民でファンドを設立した。官民ファンドが事業主体に貸し出した資金は、通常の融資より元利金の返済順位が低い劣後ローンで、貸し倒れリスクが高いという点では出資に近い形である。また、公的金融の枠組みを使う点では、政府出資に似ている面がある。官民ファンドは事業者にとって信用補完だけではなく、リスクの一部を肩代わりしてもらえることで、比較的少ない出資で事業を行うことができる。官民ファンドも、高リスクの分だけ高い金利収入が得られることになる。

〇二年に立ち上げた都市再生ファンドには、日本政策投資銀行と民間都市開発推進機構の二つがある。再開発事業への出資や融資をする投資法人である。官業の肥大化との懸念もあるが、民間金融機関が困難な融資規模や長期・低利の資金融資を行っている。

財務省の「国有財産の有効活用有識者会議」がまとめた基本方針では、東京二三区内にある政府庁舎など公的施設、全国にある公務員宿舎などの有効活用の具体案を示した。霞が関の中央省庁の建物の容積率未利用部分を高層化し、一部を民間に賃貸するようにする。東京・大手町の気象庁や東京国税局庁舎、全国の公務員宿舎も売却して、当面は一・五兆円程度の国庫収入を見込んでいる。国の資産の有効活用で、経済の活性化と財政再建を狙うとしている。試算では、霞が関全体の未利用容積率は床換算で一八万平方メートルあり、東京ドームの約四倍の広さになる。

〇七年三月に開業した東京・六本木の防衛庁跡地の再開発事業やＰＦＩ（民間資金を活用した社会資本整

備）による文部科学省などの建て替えプロジェクトは、国の財政政策に適ったものとしても、公の市場への参入であることには変わりがない。これらが、今後の土地や住宅の価格に与える影響が注目される。

成熟社会での市場の転換

規模の縮減と簡素で効率的な執行を望む政府は、公務員の削減、政府系金融機関の改革、政府の資産・債務の管理の見直しや特別会計の整理統合などの政策転換を進めている。これらは、「国から地方へ」、「官から民へ」の流れとなって加速されている。財政も、地方への税源移譲、地方交付税の見直しや補助金などの制度改革が行われている。公共事業や公益事業でも、民間における効率性を求めている。官民の競争を通じて優れたサービスを提供する市場化テストやＰＦＩも、その姿勢の表れである。だが、これらの転換にはマイナス面も付きまとう。市場化テストの限界、ＰＦＩにも壁がある。

同様に不動産の証券化やファンドに、市場の転換としての効用がみられるが、逆の作用も出ている。不動産の金融商品化は脱物質化の象徴のようなものだが、適用を誤ると経済に悪影響を与えることになる。

投資ビジネスの多様化によるＴＯＢ（Take Over Bid：株式公開買い付け）やＭ＆Ａ（Meger and Acquisition：企業の合併・買収）の大型化に対応して、国内資金や外国マネーが大量に調達されている。不動産投資信託（ＲＥＩＴ）も、金融派生商品（derivative：デリバティブ）の上場規制の緩和による対応が迫られている。デリバティブは、金融商品の価格変動リスクを回避し、低コストでの調達や高利回りの運用といった有利な条件を確保するために開発された取引だが、最近ではデリバティブ自体が投機対象となっている。外国為替や金利など本来の金融商品からも派生している。株式や債券、為替などに連動した商品はすでに上場されているが、新たにＲＥＩＴ指数先物や天候デリバティブ（気温先物）といったものが登場した。
自治体の資金調達にもデリバティブが使われている。総務省の調べでは、七府県七市での〇七年一月末の残高は二二五四億円となっている。長期金利の上昇リスクを回避できる側面もあって普及したが、金融危機による減損からは逃れられなかった。不動産デリバティブには、ＲＥＩＴのほか不動産の投資利益と市場金利を交換するスワップ（ＳＷＡＰ：Shared Wireless Access Protocol）、不動産価格指数の先物がある。不動産の保有者が物件の価格変動リスクを回避できるなどの利点がある。国土交通省でも、不動産デリバティブ研究会を発足させている。

金融危機は当初、米国の住宅金融市場に限られていたが、世界的に拡大した背景にはＣＤＳがある。ＣＤＳは、先にも述べているように信用保証に似た金融派生商品である。債務保証としての機能がある一方、実際には純粋な投機として使われがちだ。企業の破綻に賭ければ、巨額の利益を得ることになる。実際にリーマン・ブラザーズの場合は、減損分確定のために公開入札が行われ、元本一ドルに対して九一セントの保証金が支払われたという（損失率は九一％）。

さらに金融危機が顕在化したのは、ＡＩＧ（アメリカン・インターナショナル・グループ）の突然の経営悪化である。ＡＩＧは傘下に金融派生商品を扱う法人を抱えていた。巨額の保証で得た保証料を利益計上したが、サブプライム関連の保証履行債務が急激に拡大して巨額の損失が発生した。同社の格付けは大幅に引き下げられ、ＡＩＧはＣＤＳの信用保証先に巨額の担保を差し入れる義務が生じ、政府から一二兆円を超える資金支援を受け事実上破綻した。ＣＤＳは世界の金融市場にばらまかれ、連鎖的に損失を引き起こした。しかも情報開示が不足し、所有関係がわからない。これが、世界的な金融市場閉塞の背景とされている。

今回の金融危機では、かつての住宅バブル崩壊にともなう不動産関連資産の劣化が大きな問題を引き起こした。証券化やＣＤＳなどの信用移転手段がリスクを拡大させたといわれる。最大の原因は、保険の機能を喪失し、二次、三次と再証券化された金融商品が市中に流通することを放任したこととされる。金融商品の売買は、基本的に買い手側の自己責任が原則で、売り手側の責任はほとんど問われない。このことは、食品や電気製品、建物には考えられないものである。

市場の質は、市場での競争・情報・商品などの「質」で決まる。同時に法律・制度・人々の意識などの市場を支える「市場インフラ」の成長が必要になる。現在行われている公的資金の投入は、金融危機を緩和するための短期的な対策であり、長期的な政策も必要である。この点から求められるのはデリバティブの報告制度で、リスクの低減にはデリバティブの集中取引決済機関の設置が望ましいとされる。従来の相対取引を取引所を相手方とする取引に移行し、取引相手が破綻しても回収ができることにある。

不動産ファンドが投資した大型物件の処理が停滞して、融資の返済ができない状況にあるという。ファンドは購入資金の大半を外部借り入れで調達するが、融資の返済期日がきても物件売却やローンの借り換えができず、金融危機が深い傷跡を残している。借り入れの返済までに、賃料引き上げなどで物件価額を上げたり売却益を狙う不動産ファンドは、リーマン・ショック後の市況悪化で目算が狂ったことになる。

不動産価額の大幅な値下がりにより、〇九年のファンド・ＲＥＩＴによる不動産取引金額は約一兆一〇〇〇億円と、ピーク時だった〇七年の五分の一の水準であるという。この取引の低迷には、融資する側の銀行の損失表面化を避けるための作為もあると指摘されている。

土地格差と住宅格差

格差の存在

日本経済は、過去にない急速な景気悪化に陥ったが持ち直しつつあり、所得の増大を図る内外需の循環が必要であると指摘されている（経済財政白書〇九）。ただ、先行きのリスクとして、雇用調整・デフレ・海外景気の下振れの三点を挙げている。雇用不安や所得格差についても触れ、被雇用者の三割を超える非正規社員の賃金は生涯賃金では二・五倍の格差が生ずるとしている。賃金・家計所得の格差の拡大傾向は続いているが、最近は緩やかになっている。格差の是正には社会保障による再配分効果があるが、公的年金が中心の再配分制度では現役世代の格差是正には限界があるとされる。

財政からみると、社会保障給付費は約八八兆円（〇五年）と五年の間に一二・五％増えている。国民所得比では英国と同水準だが、米国よりは高い。逆に、税と社会保障負担をあわせた国民負担率は四〇％と欧州の主要国に比べて低くなっている。内閣府のアンケートでは、「給付削減・負担維持」への支持が「給付維持・負担上昇」よりも高く、高齢者ほどその傾向が顕著である。個人所得税はＧＤＰ比で五％台の歳入で国際的に低い水準だが、法人所得の税率は主要先進国では日本が最も高い。消費税は、税収のシェアの減少を補って存在感を保っている。また、消費税を社会保障の目的税とすることに六割強が賛成している。

国から地方への歳出移転は、これまでの公共事業費に代わって社会保障給付が配分されている。しかし、都市と地方との格差を交付金の再配分に頼るだけでは難しく、市町村合併や自治体規模の拡大で人口を集積させることが効果的とされる。

論議を呼んでいる国民の所得格差の指標に、「ジニ係数」（Gini coefficent：所得分配の不平等度を表す数値で、所得格差の程度を〇から一の数値で示す）がある。例えば、所得上位二五％の世帯が全体の所得の七五％を占めると〇・五となる。日本の〇四年での数値は〇・三五で、八〇年代以降徐々に拡大していると指摘されている。もともと所得格差の大きい高齢者が増加し、所得の比較的少ない単身者の増加などが要因で、統計上の格差拡大となったとしている。日本のジニ係数は先進国で中程度で、格差社会化はしていないとの見解がある。

格差社会を懸念する議論には、格差をどの尺度で測るのかが正確でないとの指摘がある。若年層での格差拡大の原因が、規制緩和や社会のグローバル化によるのか、あるいは税制や社会保障改革によるものかは断定できない。数字ではなく、格差感や貧困などの統計には現れない格差を重視する論者もいる。不況が若年層の格差拡大の原因だとすれば、景気回復によって格差は解消するのか。政策としては、低所得者が固定化されないようにすることが課題である。格差を抑える働きをするのが、教育であり人材の育成と考えるからである。

格差の存在は、市場が競争的でも効率的な資源分配ができない「市場の失敗」であるとの論議がある。耐震偽装問題で、行政責任の範囲を特定せず被害者への事後的な救済を決めたことは、家計がリスクを管理するインセンティブ（誘因）を歪めるとの懸念である。事後措置ではなく、損害を受ける前の段階での家計のリスク管理を後押しする施策の徹底を主張する意見である。

このような金銭的インセンティブによる制度設計は、「市場原理主義」に基づくものであるとの批判がある。

高いモラルがあれば耐震偽装事件も発生しなかったかもしれないが、規制強化によって問題を解決することは本来の「市場原理」から遠のかせることにもなる。その一方では、相続税には社会を固定化し沈滞させる歪みを生ずるとの指摘がある。金融資産に比べて、土地資産は相続税で優遇されている。事業承継税制は相続税を減免することになる。これらは地価を高めるだけでなく、土地の有効利用を阻害することにもなる。これらの是正は必要で、格差と効率性の両方を改善するとしている。

土地格差と国土形成計画

今後一〇年間の国土づくりの指針となる「国土形成計画」が、〇八年に閣議決定された。六〇年代からの五次にわたる全国総合計画（全総）を転換した、人口減と地方分権に対応する成熟社会の中長期的な全国計画である。国土形成計画法（〇五年）には地方の自立を促すための広域地方計画が導入されているが、今回の計画には中央主導の公共事業に対する地方の依存への反省が含まれている。

全国計画では、新規の大型事業は抑制し整備済みの都市・交通インフラを活用する。人口減で単独で生き残ることが難しくなった市町村には、複数の自治体が学校や病院、商業などの機能を相互補完する「定住自立圏」の考えも打ち出された。

今なぜ、国土の将来像を改めるのか。一九六二年の第一次全総は「拠点開発構想」で大都市の工業を地方分散し、国土の均衡ある発展を目指した。六九年からの新全総では新幹線・高速道路などネットワーク整備による「大規模プロジェクト構想」で過密過疎の解消をうたった。その後の三全総は「定住構想」、四全総は「交流ネットワーク構想」、九八年からの五全総では、二十一世紀の国土のグランドデザインを「参加と連携」として自然や文化などへの配慮を強めてきた。

この間、地域間の所得格差の是正が図られ、全国的に社会資本や都市集中が進んだ。現在も東京を中心とする太平洋岸ベルト地帯への人口や諸機能の集積が進んでいる。一方で、東アジア諸国の経済成長による需給の変動や産業形態の変化、人口減少と高齢化社会に対する施策が見逃せない。国土計画のポイントをまとめると、次のようになる。

○人口減少・高齢化のなかでの質の高い公共サービスや生活環境の維持
○東アジアと各地域（八広域ブロックおよび北海道・沖縄県）の交易の独自性
○地域力（「公と私」の協同）の結集
○広域ブロックの国土構成

これは、国土という概念からの土地格差の是正ともいえる。いずれも基本的には土地利用に関わるもので、新しい土地問題となる。

全国を広域ブロックに分ける地方計画は、政府の懇談会や与党内で議論が進む道州制を先取りするものとなる。道州制に対しては、地方分権の切り札として総論では賛成でも、区割りや国と自治体の役割分担といった各論になると反対がみられる。地方計画は、都道府県が利害を超えて連携する試金石となる。地域の特性を生かし、魅力ある国土づくりに踏み出せるかが問われる。

○八年五月に、地方分権の推進と効率的な政府の実現に向けた「道州制」導入の答申があった。この「道州制のあり方に関する答申」では、国民的な論議を踏まえて判断するとして具体的な導入時期を示していない。国は外交・防衛・国税などを担当し、内政は地方自治体が担うことを決めている。導入の背景には、①市町村の合併（三二三二→一八二一市町村で四四％の減）、②県境を超える広域行政の必然性、③国と地方の二重行政をやめる行政改革、の地方行政制度を巡る三つの変化がある。

道州制は単なる行政改革ではなく、国の統治構造を変える重い意味を持っている。地方自治の機能形態からみると、集権型か分権型が考えられる。国がこれまで通りに政策立案の権限を握ったままで、地域の合併併合と出先機関の事務移管だけの道州制ならば行政改革にはなっても、地方分権とはならない。地方の自由を保障するならば、国と地方の関係は連邦制に近い分権的な道州制となる。さらに道州は、その権限を市町村に移譲することになる。

答申では道州に移譲する権限のイメージとして、国道や河川管理、運送業許可、経済施策など二一分野を示しているが、分権型としての確たる道州像がみえてこない。「国家としての統治」と「地方の自治」のバランスが国のかたちを決める。ただ、答申に盛り込まれた区域例には、九道州・一一道州・一三道州の三案があるが、既述の国土形成計画に類似した国際競争力での地域の個性ある発展の趣旨が取り入れられている。

問題は、地方自治体としての財政格差の存在である。現在の地方制度では、国が地方の仕事（権能）を定めている。仕事に応じた財源の保障は国の責務であり、地方税源とそれを補完する地方交付税を配分している。国と地方の税財政改革では、国による地方への関与（補助金）の縮小に加えて、地方交付税の見直しと地方税を中心にした自主財源の歳入の確立が求められている。

地方の間でも財政格差は大きい。規模の小さい自治体ほど地方交付税への依存度が高い。地方交付税が削減された場合の影響は、自治体の規模により大きく異なる。ただ地方交付税は、国への依存度を強め、歳出削減や税収増への取り組みを怠るという問題点もある。

農業改革と農地

〇九年の衆議院選挙でマニフェスト（政権公約）の発表が続いたが、農業も焦点の一つである。〇七年の参議院選挙では自民党の農村票が大量に民主党に流れたとされる。自民党が進めていたのは、一定規模以上の農業経営を対象に補助する政策だが、民主党は農家に個別所得保障する政策を公約に掲げた。小規模農家でも集落農営に参加することができるが、規模要件で対象を限定したので弱者切り捨てと映り、地方格差と重なって反発を呼んだ。農政改革の焦点であるコメの生産調整（減反）見直しでは、コメ転作の奨励金を廃止する代わりに、自給率の低い小麦や大豆などへの補助が検討された。その背景には、コメ農家の約三割が減反に協力しない現状があり、生産調整で維持しているコメの価格で販売されるのは不公平だとの指摘がある。

コメの減反は生産数量の目標を決め作付けを減らして調整するもので、一九七一年から始められ水田の約四割で減反されている。これには、作りたくとも作れない農家がいたり、世界貿易機関（ＷＴＯ）のルールで年間七七万トンのコメ輸入が必要だったりする制度にも疑問がある。また、近年では穀物価格が高騰、長期的な食料不足の懸念が高まって農業の生産性や自給率の向上が課題となっている。

コメを一括して輸入・販売する国家貿易や生産調整をやめると、コメが余って価格が下がることになる。米価が下がると消費者には利点があるが、農家の収入が減るために所得対策が課題となる。コメに関連して所得対策をどうするかが、農業改革を占うことになるし、選挙の行方を決めることにもなる。

国土交通省が行った「土地に対する意識調査」(〇六年)では、身近に感じる土地問題として「空き地」(三七・三%)や「手入れのされていない農地」(二三・〇%)を挙げている。農地でみれば、この二〇年で農地面積は一割強、二毛作なども含めた延べ作付け面積では二割以上も減少した。〇八年の耕地統計(農林水産省)によると耕地(農地)面積は四六三万ヘクタールでひところより減少のペースは鈍化したが、宅地転用や耕作放棄といった農地の不良資産化が続いている。最近の調査(〇九年)での耕作放棄地は、二八万六〇〇〇ヘクタールに及んでいる。水田でも、約二七〇万ヘクタールのうち、実際の作付け面積は一七〇万ヘクタール弱にとどまり、残り八〇万ヘクタールには麦・大豆などが作付けされているが適作とはいえない。さらに、二〇万ヘクタールは水を張りながら放置されている。

わが国の自由貿易協定(FTA)や経済連携協定(EPA)は、農業が重しとなって締結が滞っている。市場開放に耐えうる農業の生産性に問題があるからだ。農林水産省の定める四ヘクタール以上の大規模農地であっても、農地の分散によって生産性が上がらない。北海道を除いた大規模農地は全国で二二万件、経営面積は平均で一四・八ヘクタールとなっているが、農地の集約が進まないため非効率な生産にとどまっている。食料危機の到来に備えるためには、最低でも四五〇万ヘクタール程度の農地の確保が必要とされる。

なぜ、このような事態になったのか。「農業構造及び所得の動向」(農林水産省・〇九年二月)によれば、約三五〇万戸の農家数のうち専業農家は約二〇〇万戸で、残りは兼業農家である。農家はわずかの資産税負担で農地を保有し、専業農家の平均所得は四八四万円で都市勤労者の所得を上回る。さらに、農家の関心は農業から得られる所得以上に、農地の資産価値に目が向くことになる。第二次大戦後の農地改革で、農地は所有するものという考え方になったが、農地が経営資源として取り組まれることは少なかった。また、生計のための所得を得られるという産業としての魅力が乏しいこともある。

農地転用を規制する法律が整備されていないわけではないが、制度が複雑なうえに事実上無力化する〝抜け穴〟が多い。農地法は農地規制を厳格にしているようにみえるが、農地法は多くの農地関連法の一つにすぎない。例えば、耕作権保護に関する規定を適用除外にできる農業経営基盤強化促進法がある。農地関連の法律の多くが運用の段階で、ねじまげられる。農地転用の審査や農地の売買・貸借のあっせんは、市町村ごとに設置された農業委員会が行う。農業委員の選挙は〇・一ヘクタールの農地所有者によって行われるので、大規模農家よりも数に勝る零細農家の声が反映されがちになる。零細農家の多くは兼業農家で、〝土地持ちサラリーマン〟ともいえる。農地指定を解除してキャピタルゲインを得ることは、現代の錬金術にもなる。土地格差ともいえないわけではない。

このところの農業生産法人の要件の見直しや株式会社などへの農地リースの展開で、農業参入規制はある程度緩和されたが、農業の活性化のためには抜本的な農地制度の改革が必要である。農地が農地として使われるならば、誰が所有してもどんな経営体でも構わない。農地制度は所有だけでなく、利用の面でも農業外からの参入ができることが好ましい。

〇九年六月に農地法が改正され、農地の賃貸借が原則として自由になった。企業の参入要件も緩和され、規模拡大などを通じた生産性向上が可能となった。これまでの農地所有から農地利用へと転換したことになる。企業は「農業生産法人」を設立しない限り耕作放棄地での生産のみだったが、この規制が撤廃された。また、貸借期限も二〇年以内から五〇年以内に延長されている。

一方、農地の市場化も図られている。全国の市町村に「農業再生機構」（仮称）を設立して、耕作放棄地

（遊休農地）などの利用権を買い取り、企業に売却する仕組みをつくる。現在も農協などでつくる「農地保有合理化法人」があるが、効果が上がっていない。機構は公的資金を使って遊休農地の利用権をまとめ買いし、農業法人などに一括売却することになる。最低一〇年以上の期間を条件とするので、宅地の定期借地権に似た制度となる。遊休農地は土地政策としても重要で、農地の市場化は有益と考える。農地の集約と新規参入は農業振興のために欠くことはできない。

格差のない住宅

財政状況が厳しいとする自治体は約九〇％に及んでいる。財政の圧迫要因としては、地方交付税の減額がトップで、税収の落ち込みを上回っている。一方、歳出削減策として第一に挙げられているのは、「事務・事業の見直し」である。職員給与などの人件費の抑制にも限界がある。

歳出削減の手段となる事務・事業の見直しとは、住民にとって必要なことだけを行うということで、〝仕事をしない〟ということも含まれる。住民への過剰サービスの是正、道路・公園などの施設整備の抑制、学校・公民館などの統廃合、老人介護施設・住宅の廃止や民営化も課題となる。これらの公共事業の削減は、税や施設利用料などの住民負担増とともに回避できない施策となっている。

金融危機や不況は地方財政にも深刻な影響を与えているが、より本質的な構造問題がある。その第一は高齢化による歳入構造の変化だ。従来、住民税を負担していた現役世代の引退である。特に団塊の世代の引退は、確実な税収低下の要因である。第二は施設の老朽化による歳出構造の変化である。道路・上下水道などのインフラ、学校・公営住宅などの公共施設の老朽化が進み、機能低下や倒壊の危険も叫ばれている。自治体の多くは、長期的な負担の平準化を講じないで問題を先送りした結果、老朽化が進みより深刻になっている。問題を認識しながらも対応が遅れるのは、影響を定量的に把握しにくい点にある。具体的な数字が示されなければ、対応や経営判断が難しくなる。

施設老朽化の定量的な把握には限界があるが、中長期に見込まれる公共施設の維持・管理、大規模修繕、再建築の費用を算出し、計画的に実施する自治体もある。それによると、今後二〇年間の試算では歳入額・地方債・補助金などを最大に考慮しても、年間に数億円が不足するという。それではどうするか。この自治体の方針案は、①新規投資は行わない、②既存施設の中では安全・安心、子育てを優先する、③既存施設の統廃合には費用対効果データをもとにする、ということにした。パブリックコメントでは市民から反対意見が多数寄せられたが、目安となる数字が示されたことで市民の合意が得られたという。

これらは、公民連携（ＰＰＰ＝パブリック・プライベート・パートナーシップ）に通ずるもので、公共サービスの費用対効果（ＶＦＭ＝バリュー・フォー・マネー）を重視する。今までもＰＦＩや指定管理者制度などが注目されてきたが、財政が切迫するとさらにＶＦＭを高めることが必要になる。未利用資産の売却に加え、公有地や公有建物の資産活用も導入されてよい。

公営住宅にも同様なことがいえる。公営住宅は現状における住宅セーフティーネットとして欠かせない存在であるが、歳出削減の対象となって新規建設や維持管理の費用がカットされると、住宅政策に大きな影響をもたらす。公的賃貸住宅の民営化などによる選択肢もあるが、歳出削減による住宅格差となりかねない。

住生活というトータルな生活の安全・安心を、「市場原理」という枠組みで実現できるのかという疑問がある。住まいの成り立ちは、その基礎としての家計や負担、福祉や医療、さらには居住環境など、自治体や政府が担っているさまざまな公共サービスに密接に関わっている。住生活についての貧困や差別の是正は基本的な政策課題だが、わが国では中流意識が定着し、多くの人々が「持ち家」にこだわっている。その持ち家も、豊かさや美しい町並みを形成しているとは言い難い。それを市場を通じて実現しようとするのが、住生活基本法を核とした新たな制度的枠組みである。

住宅政策の課題は、居住についての社会的な不平等を是正する政策の充実であると考えられるが、それが実行されていないままでの市場原理の導入には問題がある。特に、公共住宅政策では、限定された部分的なものに縮小されてきている。

〝住宅余り〟を背景に民間賃貸住宅の空き家率も上昇しているが、高齢者の賃貸住宅への入居が停滞している。高齢者の入居に身元引受人をつけるよう求める家主が多いためだ。そこで、国や自治体は高齢者の入居を後押しする制度を進めている。公団（都市再生機構）の「高齢者向け優良賃貸住宅（高優賃）」がそれだ。三〇年前に建設された団地の低層階に設けられ、バリアフリー対応に加えて緊急通報装置も設置されている。収入によって家賃補助があり、割り引きもされる。公団の空き家対策もあろうが、応募倍率が一八倍にもなっている。公団住宅が人気なのは、保証人が不要であることも理由の一つである。

家主が高齢者の入居に難色を示すのは、家賃滞納や緊急時の対応を不安視するためで、これらを支援する自治体もある。「居住支援制度」は家賃と原状回復費用などの一部を家主に保障する。「あんしん居住サービス制度」は、安否確認や入居者の葬儀までも保証している。公的機関による身元引き受けが広まれば、高齢者も入居しやすくなる。高齢者専用の賃貸住宅も民間介護企業が始めた。国では高齢者住宅財団の債務保証制度の拡充を目指している。

住宅政策の課題の一つに、空き家ストックの存在と住宅利用の多様化がある。先に福祉と住宅政策の合同の必要性を述べたが、厚生労働省と国土交通省は福祉と住宅を一体化させる取り組みを始めた。公団団地の空き店舗や空き住宅を、医療・介護の場として活用することとした。構想では、団地にある空き店舗や空き住宅に、認知症高齢者向けのグループホーム、デイサービスや居宅介護事業所を誘致し、訪問介護ステーションや在宅医療支援診療所なども入居してもらう。対象としては、都市再生機構（旧公団）が昭和四〇年代に開発した大規模団地を想定している。事業所誘致には改修費用に補助金を出すとしている。これまで、政府は医療費抑制策として大幅な制度転換を行ってきたが、ここでは医療・福祉と住宅を合致させたものといえる。

「空き家」の循環に、住み替えが効果をあげている。これまでは四〇歳前後で家を買うと、「住宅双六」は上がりと思われてきた。しかし子育てが終わり定年を迎えても、まだ長い人生が待っている。夫婦二人になると子育てに合わせた家は、どこか間が悪い。こうして最近、「住み替え」を真剣に考える人々が増えている。

日本のシニア（六十五歳以上）世帯数は約一〇〇〇万強で、うち七八％が持ち家である。シニアが持っている財産の三分の二は土地と住宅で、その時価総額は一〇〇〇兆円を超えるといえわれる。広すぎて維持に困る自宅を貸し、自分たちは小住宅に住み替えるということである。通勤にはこだわらないので、安価な土地が手当てできれば可能とも思える。住宅は築後二〇年で売却価格がゼロとなり購入資金に当てられないが、貸し家にして購入資金にする手がある。

貸し家をする場合に、家が戻らないとか安定した借り手があるのかという懸念がある。これには、すでに国の基金が信用補完する「移住・住み替え機構」が設立されている。五〇歳以上の人が所有する住宅を借り上げ、子育て層に転貸するマイホーム借り上げ制度である。住宅金融支援機構も、収入ゼロでも何歳からでも三五年の住宅ローンを借りられる仕組みを導入している。自宅を担保に融資を受け、死亡時に一括返済するリバース・モーゲージもあるが、これなら生きているうちに収益があり、子どもにも相続させられる。

仮に、シニアの三割がマイホームを賃貸収益化するとすれば、その投資効果は子育て層のそれをはるかに上回る数字となるといわれる。ただ、マイホーム借り上げ制度は規模の経済が動く仕組みなので、利用者が増えるほど安定する。シニアの住み替え推進には、税とかローンなどの後押しする政策が必要となる。

それらにより経済的な効用だけでなく、新しいコミュニティーも生まれ、住宅のミスマッチの解消にも役立ち、社会貢献の機会も増えるのである。このように土地や住宅については幾通りもの解き方がある。多くの解き方から適切なものを探すことが大切で、そのためにはたくさんの解き方を理解することが必要となる。

政権交代と施策の変化

新政権はマニフェスト（政権公約）に「賃貸住宅の整備」を掲げて、賃貸住宅の利用を促している。このところの不動産価格の下落で〝持ち家〟の資産性に疑問を持ったことも背景にあるが、住宅ローン減税などで住宅取得を促進してきた今までの政策の転換ともいえる。市場主義や規制緩和にも距離を置き、「企業より家計」を重視することで、社会の空気をとらえている。これらの政策転換は、〝市場〟からみるとどのような結果をもたらすか。また〝格差〟という面からもどうかということを考えなければならない。

ここでは土地や住宅について、「マニフェスト」に始まる〝事業仕分け〟と二〇一〇年度「予算案」、「税制」や「地方分権」のあり方、さらにはこれらを包括する「成長戦略」に結びついた一連の方策を並べて、施策の変化を概観する。

土地についての具体策はマニフェストにはみられないが、普遍的なものとして後にも触れる「地域主権」がある。地方への権限移譲・ひも付き補助金の廃止とか農家の個別所得補償があるが、道州制や農地の集約化などには触れられていない。ただ、鉄道・水・エネルギーなどのインフラ整備支援や環境共生型都市の開発、定住自立圏構想、過疎地域の自立・活性化や都市・地域特区が盛り込まれている（成長戦略）。地下の下落・低迷による土地問題の安定という〝幸運〟もあって土地に対する施策に乏しいが、「新しい公共」という理念がここにはある。

一方、住宅についての施策では、「住宅政策の転換」を掲げ、住宅リフォーム・関係法令の見直し・住宅記録の作成・賃貸住宅の整備・定期借家制度の普及・木材住宅産業の推進の項目が挙げられている（マニフェスト）。これらの具体策のほとんどは従来と差異はないが、〝関係法令の見直し〟には特記すべきものがある。地方分権を前提に、都市計画法を現在の都市計画区域を含むすべての地域を対象とする「まちづくり法」に基本法化し、建築基準法を単体規定（建物本体の敷地・構造および設備に関する規定）に限定して、地域主権（条例化）によるまちづくり制度を意図していることである。

地域主権とは国の権限の地方への移譲ではなく、本来、地方が持つべき権限と理解しているが、地方分権と同じく地域主権改革もまた難しい。地方分権は道州制への移行の意味が強く、地域主権では国と地方のあり方を論じている（マニフェスト）。また、〝木材住宅産業の推進〟には、国内産出材の利用のほかに、林業の立て直しや循環型の森林保護・地球温暖化対策への意図をみることができる。

〇九年の新築住宅着工戸数は四三年ぶりの一〇〇万戸割れが確実で、市場の冷え込みの深刻さを示している。マンション分譲大手の会社更生法の適用や新興不動産会社の破綻が相次いでもいる。市場の収縮は一時的なものとは考えられない。住宅市場の活性化は内需の柱とされているが、〝借家〟重視の施策に従えばＧＤＰ（国内総生産）に寄与度の高い民間住宅投資の減少となり、景気回復に水を差すことにはならないか。

金融危機の元凶になったサブプライムローン問題も過去のものとされ、「リーマン・ショック」も矮小化されている。欧米の株式相場は年初来の高値を更新し、〝サンタ相場〟として景気回復が期待されている。ところが、国内景気のＤＩ（Diffusion Index：企業短期経済予測調査）では、経営者の半数が円高の進行や政策の先行き不透明さに不安を持っている。

総じて、土地や住宅政策に関する変更は少ない。新政権発足からほぼ一〇〇日、二〇一〇年度の予算編成が行われている。予算案では〝事業仕分け〟などの新機軸を打ち出したものの社会保障費などの歳出増となり、国債増発や一時しのぎの〝埋蔵金〟に依存した格好となっている。生活支援・雇用・地方分権が柱のマニフェストには、経済や財政運営の基軸が示されていないとされる。市場（企業活動）と社会（国民生活）は、財政（分配機能）によって軸（政治）が通される。目先のマニフェストに忠実であろうとして、市場と社会に軸を通す財政の観点を見逃してはならない。「生産より分配」によって〝格差〟是正を図る施策も結構だが、バランスが必要となる。

〝事業仕分け〟では二二〇件四四七事業が対象になった。審議には、診療報酬や地方交付金、義務教育費など聖域とされたものにまで及んでいる。土地や住宅については、国土・景観形成事業などが廃止、まち再生基金・高齢者向け居住環境整備事業などが予算計上見送り、住宅金融支援機構や都市再生機構の事業は見直されている。

この〝事業仕分け〟では、結果として削減目標の三兆円には届かず、四〇〇〇億円規模であったが〝埋蔵金〟をあわせて一兆三〇〇〇億円程度である。しかし、予算の中身の透明化には貢献したとの大方の評価を得ている。

個別に事業をみると、「まちづくり交付金」などの都市再生関連事業の民間・自治体への移譲がある（事業仕分け）。「住宅版エコポイント」が新築・改装とも今年（二〇一〇年）から行われる（税制大綱）。さらに、賃貸住宅の家賃延滞のトラブル対策の法制化も予定されている。

〝格差〟是正の観点から期待されるものに、「一括交付金」制度の導入がある。〝地方と国の関係の逆転〟という地方主権の行方は、国が一律の基準で自治体の仕事を縛っている義務付け・枠付けの見直しで、「新しい公共」をつくることである。自治体が自前の財政で予算執行をすることで、施策の自主性に幅を持つことになる。二一年度から地方への「ひも付き補助金」が廃止され、自由に使える「一括交付金」制度の導入が図られる。

いずれにしても、新政権による施策が講じられる。国内外の課題は山積しており、〝市場〟も〝社会〟も新しい政治による変化と問題解決を求めている。所得格差、雇用や福祉には限りがない。また、景気回復の陰でひずみも広がっている。新しい施策も当面は新旧の対決に終始している感があるが、積み残された土地や住宅に関して議論を尽くし、社会基盤としての制度設計を望みたい。

参考文献

三村浩史『すまいの思想』日本放送出版協会、一九八七年七月。

村松貞次郎『日本の近代建築』日本放送出版協会、一九八一年四月。

三沢　浩『建築文化はどこへ』新日本出版社、一九九一年四月。

戸谷英世『アメリカの家日本の家』井上書院、一九九一年九月。

三澤千代治『MAHO STYLE――豊かな空間』創樹社、二〇〇二年八月。

日本住宅会議編『サステイナブルな住まい』ドメス出版、二〇〇七年九月。

リデザイン研究会編『現代都市のリデザイン』東洋書店、二〇〇八年七月。


社会資本整備審議会答申「新たな住宅政策に対応した制度的枠組みについて」二〇〇五年九月。

国土審議会土地政策分科会企画部会報告「土地政策の再構築」二〇〇五年七月。

社会資本審議会住宅宅地分科会基本制度部会議事録、二〇〇四年十月～二〇〇五年六月（八回）。

衆議院本会議議事録、二〇〇六年四月十一日。


（社）住宅生産団体連合会　提言「住宅基本法の制定に向けて」二〇〇五年六月。

八田達夫「新住宅答申にあたって」公開シンポジウム資料、二〇〇五年十一月。

園田真理子「権利としての公営住宅、空間としての住宅、そして街なか居住」公開シンポジウム資料、二〇〇五年十一月。

松岡　久和「物権変動法制のあり方」「ジュリスト」（No.1362）二〇〇八年九月。

山野目章夫「新しい土地利用権体系の構想」「ジュリスト」（No.1362）二〇〇八年九月。

あとがき

本書を書いたきっかけは、もう五年も前になるが、仲間の松川吉之氏（スタジオ・アモス）に住宅生産団体連合会主催の公開シンポジウムに誘われたことである。「住宅・街づくりの基本法」をつくるというテーマだった。仕事の大半を街づくりに関わり、住宅の建設に携わってきた者として、関心を持った次第である。このことを、畏友の稲垣雅彦氏（街づくり総合研究所）に話したところ、早速に分厚い審議会資料や議事録の提供を頂いた。いつものことで、感謝をしている。

原稿を書き出して、「住宅基本法」の位置づけや組み立てが、他の基本法と異なることが気になった。というのは、同じ基本法である「土地基本法」とはどこかが違うと感じたからだ。そこで関係資料を読み、講演記録を参考にするなど比較もした。このことは本文にも触れているが、あるいは著者の思い込みが強かったせいかもしれない。

この法律の領域や奥行きが思ったより広く深いことが感じられ、おのずと記述の範囲も広がった。そのため、新聞の記事や論評を資料に加え体系化を試みて、一応のまとめをしたつもりである。したがって本書は、これらが反映された内容となっている。時間の経過もあり、また記述に難点や冗長なところは、出版にあたって書き改めている。

戦前から戦中、戦後を体験した者として、住宅にまつわる苦労も多い。地方での長屋・都会での焼け野原のバラック住宅、さらに、貸し家や建売住宅を経て現在は集合住宅と、本書の記述にもある住宅政策の変遷を地で行ったことになる。多くの資料とともに、住宅の移り変わりを体で感じながらの執筆となった。このことは自分史として抱えておくだけでなく、読者にも共感していただけると思っている。

本書の内容は、住宅の量と質・所有関係・資産価値の三点と需給をベースに構成し、これに土地関係を交えている。新たな制度的枠組みの成立過程を克明に記述した。提言や答申、国会審議の経過をみれば、おのずと制度の核心がつかめると考えたからである。二つの基本法の理念の違いや派生する問題にも触れているが、このような見方も納得いただけると思っている。基本法の運用は、「公」か「民」のいずれに力点を置くかで左右される。焦点となる住宅政策については基本法の意図と影響を考察し、土地政策を含めて課題を抽出した。またその延長として、土地および住宅の〝安全〟と〝市場〟に関する事例をもとに総括を試みている。

これらの法律には、案外スポットが当てられていない。政府や関係団体の啓蒙にもかかわらず、市民の反応に確たるものがない。土地や住宅への関心が深まるなかでも、市場との疎遠が災いしてか、仕組みの変化の影響が感じられない。政策という大きな枠内での出来事として、自己との関わりの認識が薄い。制度や仕組みの改善は当たり前のことと思われているようだが、この内容はとてつもない中身を持っている。

土地と住宅が、自己の資産から社会資本の形成との関連において考えることが要請される時代となった。このことを、読者の判断に供したいと思っている。

二〇一〇年六月　　荒木　清三郎

図表索引

た行

な行

は行

ま行

や行

ら行

索　　引

【著者】

荒木　清三郎（あらき・せいざぶろう）

1933年生れ、56年中央大学経済学部卒業／東京都庁に勤務、建築行政・都市開発事業を担当（建設局参事）した。／再開発プランナー

現在は、（協）街づくり総合研究所客員研究員及びNPO首都圏定期借地借家権推進機構特別調査役として、市街地整備の業務に携わっている。

著書に、プロ必携マニュアル『マンション建替えの実務』（週刊住宅新聞社）、信山社双書『「定借」の活用と実際』（信山社）がある。

土地と住宅

―関連法・税制・地価の動向解説―

2010年 7月 20日　　第1版第1刷発行

著　者　　荒木清三郎

発行者　　高橋　考

発行所　　三和書籍

〒112-0013　東京都文京区音羽2-2-2
TEL 03-5395-4630　FAX 03-5395-4632
sanwa@sanwa-co.com
http://www.sanwa-co.com/

印刷所／製本　日本ハイコム株式会社

ISBN978-4-86251-088-4 C2030

三和書籍の好評図書

Sanwa co.,Ltd.

耐震規定と構造動力学
―建築構造を知るための基礎知識―

北海道大学名誉教授　石山祐二著

A5 判　343 頁　上製　定価 3,800 円＋税

●建築構造に興味を持っている方々、建築構造に関わる技術者や学生の皆さんに理解して欲しい事項をまとめています。

●耐震規定を学ぶための基本書です。

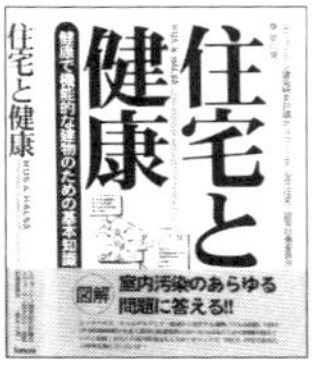

住宅と健康
＜健康で機能的な建物のための基本知識＞

スウェーデン建築評議会編　早川潤一訳

A5 変判　280 頁　上製　定価 2,800 円＋税

●室内のあらゆる問題を図解で解説するスウェーデンの先駆的実践書。シックハウスに対する環境先進国での知識・経験をわかりやすく紹介。

バリアフリー住宅読本［新版］
＜高齢者の自立を支援する住環境デザイン＞

高齢者住環境研究所・バリアフリーデザイン研究会著

A5 判　235 頁　並製　定価 2,500 円＋税

●家をバリアフリー住宅に改修するための具体的方法、考え方を部位ごとにイラストで解説。バリアフリーの基本から工事まで、バリアフリーの初心者からプロまで使えます。福祉住環境を考える際の必携本 !!

バリアフリーマンション読本
＜高齢者の自立を支援する住環境デザイン＞

高齢社会の住まいをつくる会　編

A5 判　136 頁　並製　定価 2,000 円＋税

●一人では解決できないマンションの共用部分の改修問題や、意外と知らない専有部分の範囲などを詳しく解説。改正ハートビル法にもとづいた建築物の基準解説から共用・専有部分の具体的な改修法、福祉用具の紹介など、情報が盛り沢山です。

住宅改修アセスメントのすべて
―介護保険「理由書」の書き方・使い方マニュアル―

加島守　著

B5 判　109 頁　並製　定価 2,400 円＋税

●「理由書」の書き方から、「理由書」を使用した住宅改修アセスメントの方法まで、住宅改修に必要な事項を詳細に解説。

●豊富な改修事例写真、「理由書」フォーマット記入例など、すぐに役立つ情報が満載。